大英帝國衰亡史

中西輝政 著
王敬翔 譯

AGORA
廣場

前言

一九九七年七月，香港歸還中國。英國米字旗（Union Jack）終究要從中國大陸的土地上消失。那個曾經屬「大英帝國」一員，擁有六百萬人口的最後一個主要殖民地，就此消逝在歷史洪流之中。

實際上，香港是一八四二年，正處於「不列顛治世」顛峰時期的英國，因鴉片戰爭獲勝後，獲中國割讓的土地，成為這一百五十年以來，在地球另一端所保有的一大殖民地。雖然「大英帝國」本身早在半世紀前就開始逐漸退場，但香港回歸中國的事件，卻像是「被遺忘的歷史」一般，使我們再度憶起「大英帝國」的存在。

本書將關注持續達數百年之久的「大英帝國」現象，概述其光輝的歷史。並特別將大英帝國自十九世紀後半到二十世紀中葉戲劇性的衰亡作為一大主軸。

「大英帝國」的稱呼，原係「The British Empire」之翻譯語，但其起源卻可追溯到領有香港之前許久的過去。

從歷史上而言，「帝國」（Empire）這個稱呼，是源自羅馬時代之「Imperium」的概念，到了近代初期，由邁入興盛期的歐洲列強所繼承，而逐漸開始帶有多面向的意義。

十六世紀前半的英國（英格蘭）國王亨利八世曾經大膽宣稱「我英格蘭王國已是個帝國」，這是意味著英格蘭在宗教改革之中，主張脫離羅馬教皇而獨立。

到了亨利八世的女兒伊莉莎白一世的時代，英格蘭的王權首先確立於自十二世紀以來，控制權逐漸擴大的第一個殖民地——愛爾蘭。接著與蘇格蘭統合的過程花了約一世紀之久。如此發展出有別於「英格蘭」的「不列顛」這個國家觀念。也就是說「大英帝國」（The British Empire）一詞，就成為英格蘭、蘇格蘭、威爾斯與愛爾蘭整合的象徵。

相對於對蘇格蘭、威爾斯的統治，採取使民族自然混居與政治聯合的形式，對於愛爾蘭的統治型態就更為「帝國」。因為英格蘭只有對愛爾蘭的統治中，含有因征服而造成對異族的殖民統治，以及政治、經濟、軍事上所形成的「統治體系」。

從伊莉莎白一世的時代之後，英國展開了對太平洋、印度洋彼端的「跨海統治」，即拓展海外殖民地的展開。在這個潮流之下，近代英國與「大英帝國」的名聲重疊在一起，而邁向下一個歷史進程。

此後，英國超越了狹隘的殖民地統治範疇，以「大英帝國」名號揭示成為世界大國的國家總體營造目標。本書中即採用此一廣義的「大英帝國」名稱。

的確，進入二十世紀後，「帝國」這個名稱逐漸不受歡迎。而衰亡的態勢是在一九三〇年代開始趨向明顯。帝國將官方名稱改為「英聯邦」（The British Commonwealth Nations）（正確應譯為「英系國民邦聯」）。雖然是個難解的名稱，但「對英國國王的忠誠」這個結合基礎，具有在對外戰爭時共同保衛「王冠危機」的含意，可說仍確保著「帝國」這個核心概念的存在。

但一九四七年獨立的印度，終於拒絕了對「王冠的忠誠」，並去除了「英聯邦」的「英」字，使大英帝國邁向解體。此後到一九六〇年代為止，幾乎所有亞洲、非洲的各個正式殖民地，都不約而同地邁向獨立，大舉脫離「倫敦（西敏）的統治」。

如此，近代以來長達四百年的大英帝國興衰史，整個過程就在一個世代的時間內畫上句點。

而不在這個潮流當中，猶如「被歷史遺忘」的香港，到了二十世紀末，終於也切斷了與倫敦的連結。

※　※　※

不過，本書的主題並不在於探討「大英帝國」這個形式的變遷。而是探討它作為世界大國的本質何在，衰亡的原因又為何，是什麼導致了大英帝國遭到消失在歷史洪流中的命運。

古來許多「帝國」興起，然後又衰亡。世界史幾乎可說是許多「帝國」的衰亡史。自羅馬帝國以來，這些帝國的「衰亡史」已經不計其數。但被稱為「大英帝國」的近代英國作為一個世界大國，其綜合性的衰亡史，為何至今仍較其他帝國為少？

當然，目前已經有非常多書籍探討英國產業競爭力衰退的原因，以及對外政策上的失敗何在，或是財政、社會制度、政治結構等等，分別從各個角度探討「英國衰退」的現象。但整合以上現象，以更宏觀的文明史觀點交叉探討的論文目前仍屬罕見。

以探討個別因素為主的大英帝國衰退論，似乎在二十世紀末左右就已討論到一個段落。但是從帝國實際消滅後所經過的時間來看，只能說才剛剛做完「死因診斷」罷了。而關於大英帝國衰退的討論，終於可以回歸到其原本的歷史脈絡，也就是一個「折返點」。因此筆者認為今後最重要的或許是嘗試以更寬廣、更概括性的視野來關注「大英帝國衰亡史」。

此一綜合性的觀點，促使我們從精神史或文明史的觀點，來重新考察大英帝國衰亡的原因。

第一是由於將各論點加以細分的二十世紀這個「社會科學的世紀」已然終結，而更具整合性、文明史透視觀點的時代已經到來。這與二十世紀是個「意識形態世紀」，以及偏好高度分析的社會科學研究手法有微妙關聯。

第二點是大英帝國衰亡未久，冷戰的終結便接踵而來，也促使大英帝國衰亡史必須以新的角度來書寫。包括冷戰中的明爭暗鬥，和大英帝國衰亡的原因究竟有何種關聯。至少冷戰的終結，為大英帝國衰亡的幾個過程提供了新的視野。

第三點則是相較於自古以來的帝國衰亡史這個領域，關於大英帝國，尤其是它衰退的原因，與日本的現況關聯甚深，因此提昇了日本人的關心程度。尤其現在的日本所關心的，仍在於社會的精神取向，一個成熟大國的命運將與我們產生何種關聯，已經是我們國人（日本人）所關切的命題。但以下的敘述充其量只是儘可能提供刺激讀者思考的一個角度，因為筆者認為這是探討衰亡論的應有作法。

當然，筆者無意在本書中完全解決這麼大的一個命題。如曾任首相的迪斯雷利所言：「對自己的作品自吹自擂的作者，比炫耀自己孩子的母親更難看」。因此本書將關心前述的衰退原因論，具體關注帝國衰亡的過程，並將主軸放在把大英帝國衰亡的現象，放回其原本的歷史脈絡來敘述。

另一個原因則在於，近年來並未確實掌握歷史脈絡，僅採用社會科學觀點的速食分析方式，嘗試討論大國衰亡論的論文日漸增加。

以大國衰退這樣重大的歷史現象，應該詳細觀察歷史實際的流向，再開始進行分析才是。

其次，從長遠的歷史觀點來看，昌盛還恍如昨日的大英帝國走向衰微，對今日的日本讀者而言，包括比較了解的大英帝國興盛期在內的戰前的日本人，關於大英帝國的歷史知識也已大幅地「衰退」下去。有鑑於此，故認為必須將大英帝國邁向衰亡的歷史進程放回原來的時間序列中來敘述。

在此再度引用迪斯雷利的一段話：「歷史不值一讀，但傳記除外。因為只有傳記是不含

有理論的，唯一真正的歷史」《孔塔里尼・弗萊明》

當然，本書並不打算採取如此極端的「傳記史觀」，但本書將儘量採取從人物切入的歷史敘述方式。其中一點是讓日本讀者能具體感受較為遙遠的英國史，而儘量讓讀者覺得這是一本「易讀的歷史」。但這也是對接近大英帝國這個對象更好的研究方式，另外本書也達成了關心精神史方面的衰亡論這個目標。

奠定英領南非統治基礎的揚・史墨茲（Jan Christiaan Smuts）在一八九九年發表以下談話：

「大英帝國能夠統治世界各民族、各部落的真正基礎，並不在於軍事之類的力量，而在於其威信與精神力（moral）」（C.J. Bartlett, ed, Britain Pre-eminent: Studies of British World Influence in the Nineteen Century, 1969, p.192）

因此在某種意義上，可以說大英帝國是一個「威信的體系」。造成此一情勢的原因之一，也源自於近代歐洲世界與非歐洲世界之間在歷史上的力量拉鋸。更重要的是英國這個國家的處境，尤其它是個小小的島國，卻是個必須在有限的資源下統治海外廣大區域與眾多人口的帝國，以及因此要達到「威信」這個精神要素，高效率統治是不可或缺的方式。

且在近代的英國，國內社會之中貴族的主導權甚高，使這個反映本國社會特色的帝國本質當中，「威信」的重要性倍增。

美國國際政治學者羅伯特・基爾賓（Robert Gilpin）提到精英價值觀和精神構造對近代霸權帝國盛衰的影響。（R. Gilpin, War ang Change in World Politics, 1986, pp.150-55）。而談論大英帝國，絕不能忽略「精英與其精神」這一部份。從此點看來，便更需強調「人物」的重要性（此點請參照尤其是第六章許多引用部份）。因此，本書中雖頻繁提到許多貴族人士，但絕非「精英史觀」，而可說是奠基於探討對象的本質。

從技術上而言，英國的貴族通常有好幾個名字，除了本名（受洗名＋姓氏）之外，因領地或稱號所得的爵位也常作為他們的敬稱或通稱。同一人物在歷史上因獲得某個爵位而改變稱呼的案例已成通則。

例如十九世紀末的英國首相索爾茲伯里（Salisbury），本名為羅伯特・塞西爾（Robert Cecil），後來又改稱克蘭伯恩子爵（Viscount Cranborne）、第三代索爾茲伯里侯爵（3rd Marquess of Salisbury）等等。但本書在此種情形下，將統一為最為通用的名稱。而「sir」的稱呼，有時用於準男爵，但仍不屬於狹義的「貴族」（peer），而仍屬於平民（commons）。（因此有時已獲得「sir」的稱號，卻仍屬於下議院，在「House of Commons」具有席位）。因此例如日本將「Sir Winston Churchill」翻譯為「邱吉爾卿」其實是一種誤譯。

實際上，在英國而言，「貴族性」是大英帝國本質的一部分。因為帝國是在這樣的環境中興盛起來，加上近代前期歐洲文化的「古典性」，大英帝國的歷史培養出一種穩重的氣氛。本書的文體中，有時看似生硬，也有時唐突地出現戲劇化的部份，這些歷史文體的個性，或許就來自於這個巴洛克帝國的形象。

本書第一章預先概述帝國史的全貌與盛衰的概況，第二章與第三章則從帝國的本質，來分析以衰亡為前提的「興盛」。第四章以後進入衰亡史的主軸，例如第五與第八章主要討論經濟實力，第七與第九章為對外政策與戰略，每章各探討一個重點。但儘可能將各章整合起來，成為一部綜合性的帝國衰亡史。

也許變得有點像「誇耀自己孩子的母親」，不過前言到此告一段落，自此將進入大英帝國原有的故事。

目錄

10章 勞倫斯叛亂

11章 「不列顛戰役」到全面停戰

12章 米字旗降下的日子

第一章

「不列顛治世」的智慧

「儘管他們站在能夠統治全歐的立場，但他們在會議上的立場卻漸趨柔弱而模稜兩可」

——弗利德利克・建茲（Friedrich Gentz）一八一五年，在維也納會議上對英國外交大臣卡司雷（Castlereagh）的評論

人類史上的奇蹟之一

大多數的日本人，都知道英國曾是世界大國。但其具體的歷史形象，卻不像「大英帝國」一詞的明確語感那樣豐富。

從另一方面看來，近年在對於冷戰後美國的論爭之中（有時是關於「美國的衰退」，有些是關於「美帝」），無論在任何一點上，論者之間對於作為「帝國」先例的「大英帝國」或是「不列顛治世」實情的關注日益加深。但這些關心卻容易偏向GNP或鋼鐵產量等經濟指標，或是被稱為「霸權安定論」的「社會科學」式論調。因此在今日的我國（日本），有必要基於歷史上的實情與其豐富性來了解大英帝國的形象，或者說是逐漸還原「不列顛治世」的真實歷史定位。

日本人心目中對英國作為「世界大國」的意義與形象，不同世代間的差異甚大。對筆者這樣生於戰後的日本人而言，「世界大國非美國莫屬」已經是一種常識，當我們懂事時，英國已是強弩之末的「舊大國」。筆者父親生於一九一一年，對他們那個世代而言，英國除了「舊大國」之外，似乎還有其他的意義；而美國雖然也是大國，但他們卻覺得應加上「新興」二字。祖父生於一八七〇年代，也就是與吉田茂同世代的這一群人，對他們來說，「大英帝國」是「文明」的同義詞。

若再往上追溯一個世代，例如東鄉平八郎早在十六歲時就參加薩英戰爭，從一八七〇年，也就是他二十三歲那年起，在格林威治的英國海軍兵學校（為了與達特茅斯兵學校做區別，將格林威治這所稱為「船員養成學校」）求學八年之久。隨後在以日英同盟為後盾的日俄戰爭中，又率領由許多英製軍艦所組成的聯合艦隊殲滅了俄羅斯的波羅的海艦隊，建立起明治國家與帝國海軍的聲威。對他們而言，終其一生，「大英帝國」都帶著神聖的光輝。也許有點膩了，再往上一個世代，高野長英在一八二〇年代到長崎出島「留學」，在德國醫師西博德所開設的鳴瀧塾中，聚精會神地聽著講師們講著「打倒英雄拿破崙的小島國，英吉利國」。對當時的日本人而言，英國是一個在充滿「英雄」、「豪傑」的中華帝國常識當中，無法歸類的一個「不可思議的帝國」而開始受到日本人矚目。

但是，這種不可思議感究竟來自何處？如果要回顧「大國英國」的歷史，又該追溯到何處？另外，英國又為何被視為「大國」？然後又如何盛極而衰？這些都是頗為耐人尋味，卻又是歷史上難以解答的難題。

實際上，今日從羅馬帝國到近代西班牙，以及荷蘭，甚至是現代美國的「衰亡史」都所在多有，卻很少發現一本專門針對英國的整體性衰亡史。的確從經濟競爭力，或階級差距等個別項目的「英國衰退解釋」不勝枚舉，但屬於傳統歷史領域內的衰亡史，也就是一本真正的「大英帝國衰亡史」著作如今尚未出現。

是什麼使「大英帝國論」如此難產？最大原因之一，應在於英國在大國中的「特殊性」。這個特殊性，在於精神性因素較其他各國大得多，因此與所謂「英國精神」所具有的複雜特質不無關係。而英國昌盛與衰退的歷史，對於今日我們的意義與教訓，在某種意義上是非常寫實的，也因此要做出「歷史的審判」並不容易。這一點對日本人而言，在深層的意義上，或許比美國的將來更為貼近我們，且具有一針見血的現代性。

一八七一年，維新政府為尋求外交典範而諮詢荷蘭傳教士基德·菲爾貝克（Guido Verbeck）時，菲爾貝克毫不猶豫地回答「英國」（C.J. Bartlett, ed., Britian Preminent: Studies of British World Influence in the Nineteen Century, London, 1969, p.191）。實際上，大英帝國，也就是「英國這個大國」的存在，長期統治地球上四分之一的陸地面積與世界六分之一的人口這樣遼闊的版圖，以及作為產業革命與金本位制舵手所造就的強大經濟實力，卻不是這個帝國的本質。這些力量只是由於其他某些因素而實現的結果。的確在十九世紀這一個世紀的時間內，史無前例的巨大力量集中到單一國家，使英國明顯成為世界秩序的掌控者，但作為大國的本質應並非在此。

因英國力量而造就的和平，也就是所謂「不列顛治世」，也許可以說是人類史上的奇蹟之一。原居於歐洲外海的小島上極為弱小的混血民族（伊比利、凱爾特、盎格魯·薩克遜、丹麥日耳曼人、諾曼人等等），竟能長期主導地球上的政治、經濟秩序，此一事實便在世界史上具有相當意義的現象。

自此看來，也顯示了「大國英國」的本質並不在於物質因素，某種意義上在於其精神。

二百年的興盛，二百年的衰退

「不列顛治世」一詞的來源並不是很古老。與「美國治世」相同，都是直到那個現象已經持續了一段時間，甚至將要走下坡時才產生的用語。

一八九〇年代，當時英國的有力政治家張伯倫（Joseph Chamberlain）提出了轉換為貿易保護主義與殖民地組織化的必要性。主張與其達成英國在世界上的功能，不如專注於狹義的大英帝國（British Empire）內部，也就是「內部和平」的確保。此一路線有「不列顛治世」之稱。

當時的英國面臨經濟上被新興的美國和德國迎頭趕上，以及俄羅斯與法國爭奪殖民地的競爭，而被迫面對這些挑戰。在大英帝國的所屬區域，只好採取「封鎖化」的拖延戰術。因應此種狀態而產生「不列顛治世」一詞。

歷史用語常充滿諷刺。今日「不列顛治世」一詞，是用在英國為保持全世界的安定而發揮其力量的時代，已被普遍稱為「不列顛治世之時代」。

姑且不論此語的起源，「不列顛治世」最早究竟可追溯至何時？一般而言，可說是始於擊退拿破崙的侵略，維持往後一個世紀和平的一八一四－一五年維也納會議之後。首先我們要建立一個明確的時期區分。只是若要討論不列顛治世的核心，也就是「作為大國的英國」本質，就需要再追溯到更久之前。若把視野放寬一些，與「大英帝國」的興盛與衰退有關的歷史上重要戰役有三場。

對「大英帝國」的興起與昌盛有所貢獻的戰爭都與西班牙，以及西班牙帝國之間的戰鬥有關，也就是：

①十六世紀與「西班牙無敵艦隊」之戰（一五八五－一六〇三年）

②十八世紀「西班牙繼承戰爭」（一七〇一－一四年）

③在伊比利半島不斷與法國決戰的「拿破崙戰爭」（一七九三－一八一五年）

這幾場戰爭有如「Hope, Step, Jump」的「三階段跳遠」一般，成為大英帝國興盛的重要契機。

而造成衰退的契機也有以下三場戰爭：

①美國獨立戰爭（一七七五－八三年）

②波爾戰爭（一八九九－一九〇二年）

③蘇伊士戰爭（一九五六年）

這幾場戰爭都導致國內輿論徹底對立，除了波爾戰爭外，都是不光彩的敗戰。而且與其說是軍事力量的敗北，不如說是英國難得的「外交失敗」。

如前面所見，或許我們可以說看到了英國這個大國花了兩百年時間慢慢登上頂峰，又花了近兩百年逐漸衰退的過程。也就是說和先前（甚至包括以後）的大國有所不同，以一個故事而言，其盛衰的過程相當漫長。尤其是美國獨立戰爭的敗北帶給英國的打擊甚大，但不久後的拿破崙戰爭又獲勝，重振聲威，這生命力的強韌備受矚目。

但更適當的區隔，應為一八一五年拿破崙戰爭的終結，到一八九九年波爾戰爭爆發的八十餘年間，可說是英國國力的「鼎盛期」。因為英國的力量而維持的和平，即「不列顛治世」，可說大約是指此一時期。

實際上，波爾戰爭就與另外兩場「衰退之戰」相同，是一個使英國國內嚴重分裂，同時也遭到國際社會批判和孤立，飽嚐內憂外患夾攻經驗的事件。美國獨立戰爭之中，「主要敵人」其實並非美國殖民地人民，而是法國、西班牙、荷蘭和俄羅斯等，歐洲列強幾乎都在外交和軍事兩方面的對英國圍堵網，以及如柏克（Edmund Burke）、老威廉皮特（William Pitt）等國內親美派的反戰論調。波爾戰爭也讓在南非殖民地戰爭下疲於應付的英國在外交孤立中更顯現其衰弱。這是「不列顛治世」「走下坡的開始」，是當時有目共睹的情勢。

到了蘇伊士戰爭，不只是蘇聯，就連身為超級大國的同盟國美國都與英國為敵，成為「外交上的大失策」。實際上出兵蘇伊士事件中美國所不樂見的，可說是那已經無法掌握任何主導權的英國，也就是英國作為大國的歷史「完全結束」的象徵。

也就是說，「從波爾戰爭到蘇伊士戰爭」約半世紀的時間，可說是英國踏上明顯而不可逆的衰亡過程的時期。而在這半世紀之中，正面臨人類史上最大的鬥爭，無疑地也包括了造成「大英帝國折翼」的第二次世界大戰。

「不列顛戰役」的代價

關於英國衰退的起源，是個難解的問題。而這可能就是大英帝國衰亡論的核心，在此我們首先大致分析其概要，首先所想到的是二十世紀的兩場世界大戰。且從許多部份看來，這兩次大戰才是大英帝國衰亡最明顯且最終極的主因。

實際上，在一九一四年至一九四五年之間約三十多年間，英國所支出的軍事費用總額達到四百零八億四千五百萬英鎊以上。這段期間，英國花了約百分之二十五的國民所得在軍事費用上。（兩次戰爭期間軍事費用所得比的頂點，分別為一九一七年的百分之六十七，以及一九四四年的百分之六一點二）。而在這兩次大戰中同樣全程參戰的德國，在整個期間的軍事總支出比例，推測約只有英國的四分之一。因為戰爭時期姑且不論，德國在平時幾乎沒有在外地進行演習的國防支出。（參照D. Butler and G Bulter, British Political Facts 1900-1985, p.381與p.390）。

這個可觀的數字，是即使我們做了各種嘗試，尋找英國最終走向衰退的其他主因，也覺得是個高到極不合理的負擔。如保羅・甘迺迪在其著作「大國興亡」中之主張，過重的軍事費用負擔是否必然導致衰退，雖說仍有討論空間，但仍不禁使我們發出這個相當單純的疑問：在歷史上，一個已處於成熟期的大國如此長期負擔龐大的軍事費用支出，是否還能繼續保有作為大國的活力？

而如此龐大的花費在戰後獲得了什麼？恐怕除了在二次大戰後在名義上獲得「戰勝國」的頭銜外，幾乎什麼都沒得到。但至今幾乎未見英國一般人或歷史學家提出此一疑問。由大戰引發的冷戰已然終結的今日，英國年輕的歷史家終於開始提出這個新的問題意識。而此一疑問進一步發展為：「邱吉爾損及英國在歷史上的國家利益，應該算是造成英國衰退的元兇之一」等重新評價邱吉爾的論述出現（代表著作是John Charmley, Churchill: The End of Glory, 1993）。

而在邱吉爾慷慨激昂的精神喊話下奮起，投入英國本土保衛戰「不列顛戰役」的一九四〇年夏天，英國財政部與英格蘭銀行在內閣會議上提出了確認大英帝國破產的報告書。

第二次世界大戰使得英國從一九一四年以前所保有，一九一八年以後勉力重新累積起來的大半海外資產永久喪失。或許例如中東石油利權等英國在外資產的最重要部份，都在第二次世界大戰中被美國企業廉價收購的光景，才是從「不列顛戰役」到「諾曼第登陸」期間之中，屬於「真實世界史」的光景。

英國對外債務在一九三九年以前，所持有的現金與外匯存底原可應付裕如。但債務在一九四五年暴增數倍，外匯存底也消耗殆盡。也就是說在五年多之內，英國拋售了總值達十一億兩千萬英鎊左右的海外資產，而債務也從四億七千萬英鎊暴漲到三十三億六千萬英鎊。因此為了維持必要的進口量，戰後英國的出口必須比戰前增加百分之七十五（但近乎不可能），也早在戰時便得知其困難。

一九四四年六月，因諾曼第登陸成功而欣喜若狂的倫敦街頭一角，一位英國商務局官員做出了一份報告，其中明確指出戰後英國的出口幾乎無法增加，且英國產業競爭力在戰後更為低落的趨勢將無可避免。

如前所述，軍事費用增加並非必然造成衰退，另外，即使與希特勒和解，英國是否就能守住中東石油的利權也令人懷疑。且只要維持經濟實力就能避免大國衰退的危險，這種說法也是錯誤的。一個國家能夠發展到一定規模，為求更加穩定成長與發展，這個國家在經濟、政治、軍事與文化各方面，都必須達到均衡的成熟，並致力維持整體的活力。長期維持大國姿態直到二十世紀的英國，發展的歷史正好印證了這一點。

但同時也是「知易行難」。當迫於現實的歷史狀況下，國家領導人與國民在面臨痛苦抉擇時，無法忽視做出這些不得已決定的「嚴重性」。當許多大國走向江河日下的命運時，其實通常早已有許多有識之士發出預警，同時也提出讓我們後人也認為可行的解決方案。但是現實狀況卻是「明知道會衰弱下去，卻束手無策，只能眼睜睜地看著國家每下愈況」。這就是歷史上最常見的大國衰退過程。

當我們再次回顧英國衰退的過程時，要歸咎於誰的「責任」或「錯誤」時，可發現是與其他任何國家衰退的例子相較，某種意義上是一種「無法逃避」的「殘酷」趨勢。這或許也是至今尚未出現一本真正的「大英帝國衰亡史」的一大原因。

我們考量到這些狀況，同時思考英國的興衰帶給今日我們的意義，懷想那段歷史時，相信對當前在冷戰後的世界面臨重要方向抉擇的日本而言，絕不是一毫不相干的命題。

「以力量維持的和平」和「以外交維繫的和平」——「不列顛治世」的本質

在歐洲之外擴展的「大英帝國」的歷史在此分為幾個階段：

①從西班牙無敵艦隊之戰到美國獨立戰爭為止的「第一帝國」時期。

②喪失美國殖民地後經過拿破崙戰爭，到十九世紀後半為止的「第二帝國」時期。以及：③十九世紀末經過二次世界大戰，到印度獨立為止的時期，將此時期視為「第三帝

國」，也就是「新帝國主義」（New Imperialism）時代來思考。

如此看來，若第一時期是為求國家的生存與商業上、軍事上的動機，以重商主義的行動刻意開疆闢土的過程，第二個時期是已達到安定狀態的英國以本身的優勢，維持自由貿易與國際秩序的現狀，在無意識之中自然將「非正式的大英帝國」視為帝國版圖而自然擴張的時期，就成為「不列顛治世的時代」。而第三期則正逢「英國的衰退期」，為與其他列強競爭，或世界戰略需求，導致再次開始「擴張」，甚至是「過度擴張」，而開始變質成為所謂「因衰落而膨脹」，成為導致明顯衰退的時期。因此本書中心的第四章以後，就以此點作為大英帝國衰亡史的主要論述。

汲汲營營地併吞許多地方求擴張的「興隆期」，到達成他國望塵莫及的地位，成為開放（Liberal）的秩序主宰者的「安定期」，到了開始意識到進入衰退期的「緊張」與「焦躁」，而另一方面「成熟」與「老奸巨猾」間的微妙平衡也滲入了「看開」的「衰退期」。大致可以如此區分。且這三階段的分期，並不僅是一個國家應有的樣子或國力的結構，也包括近代英國時代精神與精英精神構造的變化，與國家的發展相一致。

其中今日我們特別感興趣的，是「不列顛治世」在安定期的現象與特質。而此一現象可與與「不列顛治世」的「三大支柱」一同說明。

首先第一個支柱是「英國本身的力量」。其中包括：

①優越的海軍軍力。

②具有廣大的殖民地。

③產業革命與商業立國的傳統所培育出的經濟力量（尤其是巨大的工業生產力量，在世界貿易總額所佔比例之高，以及金融、保險、海運等優勢）

以上三個條件是支撐「不列顛治世」的有力因素。

雖然以上在任何教科書都有提到，但筆者特別重視的主因是：

④十九世紀前半到中葉，英國相較於其他列強的積弱不振。

但這卻與英國本身力量的優越性相反。

在法國大革命，以及打敗拿破崙後，除了英國和俄羅斯，幾乎所有歐洲列強都被「革命再興」的恐懼所籠罩。例如法國有一八三〇年（七月革命）、一八四八年（二月革命）、一八七一年（巴黎公社）等三次較大革命，還有不計其數的政變等等。而德國在俾斯麥主政前，在一八三〇—四〇年代，以及整個一八五〇年代，都不斷重複著革命與其挫敗。

其他列強國內政治恆常性的不安定，以及其對外政策之故，使得他國無法具有挑戰英國的野心，也是「不列顛治世」形成的重要原因之一。也就是說，歐陸各國在當時的對外關係僅能以朝向維持現有秩序的方向處理，因此全歐洲各國在意識形態上很難產生能與英國匹敵的國家。對於不列顛治世最為興盛的一八一五—七〇年之間，歐洲的長期和平進行考察的英國歷史家伍德華德便強調，維持「英國和平」的最重要因素在於對「革命的恐懼」（E.L. Woodward, War & Peace in Europe 1815-1870, London, Frank Cass, ed., 1963, pp.5-17）

思考不列顛治世的各種因素，可發現兩大主因。第一是「英國本身的力量」（如前述三點），以及第二點「其他歐洲各國內在的積弱」。

但不得不提的第三項主因卻是支撐「不列顛治世」的台柱，就是「英國的靈活度」。也就是在外交、對外策略上特有的「技巧性」。的確，外交上「技巧性」的因子很難以學術理論來定義，但若不提起此點，便幾乎無法理解「不列顛治世」。英國戰略史名家巴特雷特就曾對此表示：「十九世紀這個時代，可說是優越的英國外交的時代」。（C.J.Bartlett, op. cit., p.173）。同時，視野廣闊的日本東南亞史家永積昭對英國「長於外交」這一點，也有以下這樣耐人尋味的看法：

「放眼世界，具有原則並長於外交的國家並不多。充其量大概只有英國；而沒原則卻擅長外交的大概是泰國。有原則但不懂外交的國家很多，如美國、蘇聯、中國等。而沒原則又不會外交的國家非常少，很遺憾的，我認為日本只能屬於這一類。」

對日本和美國的評價暫且不提，對英國和泰國在不同意義之上，被廣泛認為「長於外交」。尤其關於英國，如前述荷蘭傳教士菲爾貝克所言，在十九世紀「不列顛治世」的鼎盛期，英國已在外交上廣獲好評，是我們不容忽視之處。

即便「長於外交」的問題暫且不提，重要的是不列顛治世的本質中，包括與英國本身「以力量造就的和平」相同程度的「以外交造就的和平」。因此「不列顛治世」的另一個，甚至可說是更重要的特質，就此使我們更加明白。

實際上，到十九世紀末為止，英國為維持「不列顛治世」所支付的軍事費用，含海軍支出在內，僅佔國民平均所得的百分之二。

從此點看來，即可得知如前所述「不列顛治世」是由物質、經濟等所謂「力量的優越」所支撐的看法是多麼不適當。同時，為何「不列顛治世」能如此長治久安，且「世界大戰時代」變為「英國衰亡時代」的答案也可在此點中找到。

大致而言國際秩序的維持，本質上大致可分為兩種方式，第一種是以本身力量採用直接的方式，集中於特定目的，成為一種構造化的權力而直接行使，以達到理想狀態（也可稱為「直接訴求」）。另一種則是在並存的各種力量之間的「均衡」之中，並非「構造性」的權力，而是因順應「狀況」所進行的「操作」以帶來安定秩序的作法（間接訴求）。

在國際政治上，後者可視為所謂「權力平衡」的思想，而其實踐可當作一種「外交」應有的做法。

作為一種精神傾向的「權力平衡」

英國這個國家的歷史，屢屢可見令人驚異的「延續性」。其中一例即外交上「權力平衡」的傳統。從伊莉莎白一世誕生的十六世紀都鐸王朝到二次大戰，「權力平衡」這個政策原則可說是英國一貫追求的國家目標。邱吉爾將英國的權力平衡外交這個「四世紀以來一貫的作法」稱為世界史上「最值得矚目的軼事」之一。（W.S. Churchill, The Second World War, vol.I, London, 1948, p.207）。著名外交史家羅伯特・西頓瓦森也指出：「今日英國所維持的權力平衡（Balance of power）政策可以追溯到四百年前」。（R. W. Seton-Watson, Britian Empire 1789-1914, Cambridge, 1937, p.1）

「權力平衡」政策一般而言，是在歐洲大陸為防止任何特定國家過度強大，而試圖使各國之間的勢力達到「均衡」的政策。但此一定義形同具文。因為此一政策對於處在兩個以上強大鄰國夾縫中的小國而言，在各項事物的決策上是必然的選擇。且對於英國而言，也將是容易導致誤解的籠統說明。因為英國史上所謂「權力平衡」的最大特質，與其說是這些定型化的政策，不如說是在那個環境下，或其背後的精神傾向、理念、態度與思考模式。

一八一五年，在拿破崙戰爭中光榮獲勝後，位居世界與歐洲關鍵角色的英國，在維也納媾和會議上的應對方式，可說展現了「權力平衡」思想的一個極致。當時為奧地利外交大臣梅特涅（Klemens von Metternich）安排會議的秘書官弗利德利克・建茲（Friedrich Gentz）有以下的記錄：

「當英國代表來到維也納時，可以見到他們在各方面都帶著強大的力量而來。這強大的力量是建立在英國本身無數偉大的勝利、對法大同盟的主導權、本身無限的影響力，以及許多國家至今都無法達成的經濟實力這些堅實的基礎，也就是說英國的力量是基於使各國因敬畏而響應號召之上。若能善用此一力量，英國將可以自己的意志控制整個歐洲。但英國卻放棄這麼大的特權，（英國外交大臣）卡斯爾雷（Viscount Castlereagh）卻經常採取令人驚訝的中立無私立場。儘管他們站在能夠統治全歐的立場，但他們在會議上的立場卻漸趨柔弱而模稜兩可。」（Harold Nicolson, The Congressof Vienna, London, 1946, pp.127-28）

被放逐到聖赫倫納島的拿破崙最代表性的一句話是：「英國在維也納會議上，白白放棄了在歐洲大陸奠定霸權的最好機會」。雖然建茲與拿破崙的立場完全相反，但並未理解英國外交基本概念的立場卻是相同的。

當然，英國不可能是以和平主義與道德理念壓抑自己的主張，而控制住統治歐洲的野心。只能說「既不可能亦非明智之舉」。

英國的「權力平衡」思想，孕育出了他們這樣的態度、想法、思考模式，成為英國歷史上一貫的主旋律。也因此英國在此之後，建立了「不列顛治世」這個「不像霸權的霸權」。英國在維也納會議上所表現出的「自制」，有幾分也反映出了英國在「美國獨立戰爭」這一大挫折中所學到的教訓。另外一點，與筆者先前所提到的「間接導入」的「外交思想」這個精神傾向不無關係。而以上兩點從更廣的一面來看，在「以媾和進行控制」這點之上是共通的。

任何大國的興衰，只要詳加考察，即可發現除了眾多的物質因素之外，精神的要素也扮演著重要的角色。尤其關於大國的興衰，向來在國際社會上備受矚目的除了國力和體制等結構性因素外，該國領導人與國民的想法、思考模式等精神條件，也被視為長期興衰的關鍵，因此今日值得我們更深刻檢討的時機已然到來。這與古典衰亡論中精神史上的切入點有所不同，在意識形態與工業革命的二十世紀終結後的今日，應是我們再次將可稱為「文明特質」

的精神性因素，視為決定歷史進程的關鍵而再度加以重視的時候。至少在思考當時大英帝國以國力與體制進行統治受到大幅制約的特殊統治與霸權維持模式時，種種精神上的條件是我們無可迴避的命題。

第一章
伊莉莎白一世與「無敵艦隊」

「低地」的獨立才真正攸關英國主要的利害關係，低地國境是我們的國境，若使其獨立而喪失低地，對我們的獨立是致命的打擊」

——奥斯汀・張伯倫

三個「高峰」和兩個「低潮」

所謂「國家」，經由其來歷，也就是自己的歷史背景，而深深確立自己的行動模式與「國格」，與一個人的「人格」相同。外交與對外關係的運作方式，每個不同國家多少有些本身獨特的個性，以及反覆出現的某些行動或思考模式。這些可以稱為這個國家的「外交文化」。

思考「外交文化」的問題時，最重要的是和人一樣，也就是性格形成期對於文化養成的作用所在。

寫下著名的《英國擴張史》，也處在大英帝國興盛史之一的十九世紀，劍橋大學歷史家約翰・西利（Sir John Seeley）（一八三四—九五年）將英國作為大國對外政策的本質稱為「英國式政策」（British Policy），並強調形成期的研究。（Sir J. R. Seeley, The Growth of British Policity, Cambridge, 1922, pp.1-8）

這麼一來，我們將如何具體看待奠定近代英國獨特外交傳統的「外交文化」形成時期呢？如前一章所舉出的三場戰爭（也就是1與「西班牙無敵艦隊」之戰（一五八五—一六〇三年）、②「西班牙繼承戰爭」（一七〇一—一四年）、③「法國大革命與拿破崙戰爭」（一七九三—一八一五年））從此點看來，這幾場戰爭可分別作為開創重要階段的契機。

直到最近，根據近年頗受敬重的十八世紀英國外交史權威赫恩的研究指出：「無論優劣，自一六八九年（光榮革命次年，與西班牙繼承戰爭有關的「九年戰爭」之始）以後，英國便展開作為大國，影響力毫不間斷地及於歐洲，甚至全世界的過程」。（D. B. Horn, Great British and Europe in the Eighteenth Century, Oxford, 1967, p.2）

西利認為這個站在大國「起跑線」的時期——也就是「英式政策」成長的時期，這個理解「英國作為大國」的本質不可或缺的過程遭到埋沒。

也就是說，在思考英國成為大國（列強）的過程時，我們若將前述的②「西班牙繼承戰爭」視為「起跑點」，或是「成年禮」；③「拿破崙戰爭」視為邁向穩定的壯年期的開始，那麼①與②之間就是「英式政策」的成長與形成時期，並且在這百餘年間（一五八五—一七一四年），從嘗試錯誤的過程中建立起「英式政策」的骨幹。在這之間的「成功故事」與「失敗教訓」中，逐漸將「應有的外交模式」深植於英國人的歷史記憶之中，從而培養出英國的「外交文化」。

實際上，也許我們可以說從「西班牙無敵艦隊」到「西班牙繼承戰爭」之間約一世紀多的時間，是形成英國外交傳統「決定性的百年」。

其中的覺醒、昌盛與挫折，以及在那之後的復興、自信與困惑，或許正好與日本從幕末至今百餘年來外交所經歷的過程有相似之處。也就是說，兩者都在達到穩定的壯年階段時，又必須經過一段「考驗」才能更臻於「成熟」，這一點也相當類似。

另外，成長期特有的「狂風巨浪」或者大起大落的交替，極為強烈的對比，都交織在這短短百餘年之中，這點也是相同的。說到底，近代國際政治的複雜與深奧，或許不是僅在百年歲月中就能成熟而足以適應的。

不過，西利提出百年的成長期中，有三個「高峰」（成功故事）和兩個「谷底」（失敗教訓）。三個「高峰」中，首先是「伊莉莎白一世與西班牙無敵艦隊」，接著是「克倫威爾的戰爭與和平」（一六五一—一六〇年）。以及「奧蘭治威廉三世成功故事」（一六八八—一七一四年）。這三人的共同點在於堅強的務實主義，秉持國家利益優先以及堅定的國家主義，加上主導外交時特有的智慧。因此從伊莉莎白一世到安妮女王（在位一七〇二—一四年），形成了「女王和她的智囊團」這樣的成功方程式。

而「谷底」則是繼伊莉莎白一世的都鐸王朝之後，四位來自斯圖亞特家的平庸男性君主在位的時代。其中二位狡猾而放蕩，揮金如土（詹姆士一世與查爾斯二世），另外兩位（查爾斯一世與詹姆士二世）則是一意孤行的夢想家。四人都與議會對立（因此後二者導致革命，慘遭斬首與失去王座）。經常盲從於外國，是引起英國群情激憤的主因。當然從各方面而言，外交的反覆失敗影響甚鉅。

如此看來，我們可以知道英國外交的傳統自然不是一朝一夕所建立起來的。成長過程中也經常搖搖擺擺和遭遇挫折。

而「百年成長期」中的三個「高峰」，也就是外交文化形成上的一個「模範」。而其中最受後代所矚目，留下深刻影響的，仍是「伊莉莎白一世與西班牙無敵艦隊」。

無論如何，克倫威爾是「弒君者」，威廉三世是「外國人」。相較之下，終生未婚的伊莉莎白一世給予後世一種浪漫的傾慕之情。同時也是作為英國人精神支柱的「Anglican Church」，即英國國教派的確立者，完成了宗教改革，也是一個樸素的國家主義者象徵。另外，與許多優秀的外交方面領導者相同，她經常為許多瑣事煩惱不已，對事物的看法較為悲觀，又體弱多病。卻與雖長於外交，但性格陰鬱，以及狂熱而一意孤行的威廉三世和克倫威爾不同，伊莉莎白一世卻又具有酷似父親亨利八世的豪氣與不可思議的開朗。

而伊莉莎白一世的傳記，可說是數百年來所有英國君王中最廣為民眾所愛讀的。無論任何時代的英國人，都是反覆讀著伊莉莎白傳，聽著從中所流傳出來的許多故事而成長，因此幾個世紀以來，「外交」的初步概念逐漸在英國人的成長過程中耳濡目染。因此當我們思考「英國外交精神」的形成過程時，「伊莉莎白一世與西班牙無敵艦隊」佔有相當重要的位置。

「低地」才是「英格蘭的護城河」

英國（英格蘭）這個國家，在伊莉莎白即位當年——正確來說應該是包含即位當年的前後三年——才成為一個島國。也就是說，從有史以來到當時為止，英國原本並非島國。

中世紀以來，英格蘭原本在今日南法與比利時等地有許多「海外領土」，但在伊莉莎白一世即位的一五五八年，英國（英格蘭）失去了在歐陸的最後一塊領土——加萊（Calais，今屬法國）。

在中世紀，從愛德華三世（在位一三二七~七七年）以來長達數世紀，加萊都是英國向大陸擴張的象徵，也是向歐洲擴張領土不可或缺的灘頭堡。喪失加萊這個地方，雖然奪走了英國民眾對於向歐陸擴張與控制領土的關心，卻也意味著為防備來自歐陸的侵略所需的「海防」在英國史上首次成為國防的第一線。

且以巴黎為中心逐漸向北膨脹，陸續併吞北法諾曼第、皮卡第（Picardie）等地區的法蘭西王國，在此時已經控制大西洋岸從布列塔尼（Bretagne）到加萊的整個英吉利海峽南岸，對英國而言，也表示「海防」已經相當困難。

也就是說，當時英吉利海峽周邊，幾乎總是吹著對英國不利的強烈西南風。由於當時的帆船「逆風而上」的性能極差，耐浪性亦不佳，因此將從海峽南岸要攻擊英格蘭的侵略艦隊

英吉利海峽圖

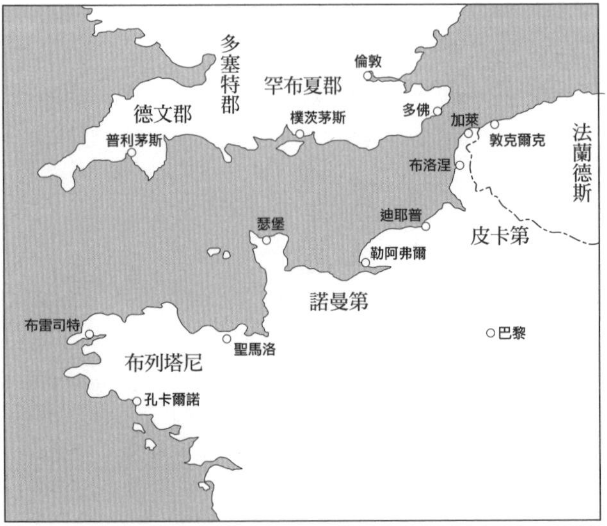

吹向英國的風勢，將使英格蘭的迎擊艦隊無法出港。反過來說，因洋流影響，例如諾曼第或布列塔尼半島港口附近的法軍，若欲攻擊對岸的德文（Devon）、多塞特（Dorset）或罕布夏（Hampshire）等地，即使離海岸尚有相當距離，只要有船，就成為隨時可以攻擊英國的「決定國境的軍隊」。

同時，為了防備可能從英吉利海峽南岸各處出兵攻擊的軍隊，持續情蒐不可或缺，且能夠派駐大陸作戰的部隊人數相當有限。此點對於歐陸各國的軍事平衡相當不利。保衛島國安全的方式與以往端賴軍事力量的狀況大不相同。

嚴格來說，英國即使失去了加萊，也還不是一個「島國」。因為英格蘭與北方鄰國蘇格蘭的紛爭達千年之久。蘇格蘭與英格

蘭兩個不同民族是不共戴天之仇，千年來不斷互相侵略與佔領。基於「敵人的敵人就是朋友」，所以蘇格蘭與法國幾世紀以來，一直是「自古以來的同盟國」。一五五八年伊莉莎白一世即位時，某位英格蘭官員對當時國家處境有以下的發言：

「女王貧弱，王國荒廢，貴族疲弊，缺乏良兵，民間秩序紊亂。法國國王覬覦加萊，另一邊又有蘇格蘭夾攻」。

但伊莉莎白與宰相威廉・塞西爾（William Cecil），在即位次年便巧妙介入蘇格蘭新教運動引發的動亂而出兵，援助新教派，而成功佔領南蘇格蘭。最後締結「愛丁堡條約」，將蘇格蘭納為衛星國，實質上成功撤除了陸上國境，終於使英國成為島國。

另外，當時正處於地理上有諸多發現的大航海時代，向大西洋彼岸新大陸發展的熱潮終於也滲透到了英國社會之中。

但如此追求國內安定，並尋求新發展方向的英國，卻也突然遭到國際政治上的嚴重衝擊。

一五六七年夏季，具有最先進裝備，在當時屬於超級大國的西班牙，由歐洲第一猛將阿爾瓦公爵（Duque de Alba）所率領的陸軍五萬精兵進駐英國對岸的尼德蘭（Netherlands）（即今日荷蘭與比利時被合稱為「低地」之處）。「低地」這地方原為勃艮第公國所統治，如赫伊津哈（Johan Huizinga）在《中世之秋》中所描述，是充滿西歐優雅而精鍊的先進文化、經濟、金融中心而發達的土地。

「低地」因哈布斯堡王朝的聯姻政策，雖然在十年前加入西班牙版圖，但從中世紀以來一直被賦予自治與宗教寬容的特權，也獲准成為軍事上的空白地帶。但為了鎮壓前一年開始，以荷蘭新教徒為中心的反西班牙暴動，突然派出阿爾瓦公爵帶領大軍壓境。

此一事件使得原屬歐洲國際政治邊緣的英吉利海峽沿岸西北歐地區，成為列強攻防的一大兵家必爭之地。對伊莉莎白一世時代外交史知之甚詳的歷史家瓦南姆，將這次西班牙軍的進駐評為「近代前期歐洲史的一大轉捩點」（R. B. Wernham. The Making of Elizabethan Foreign Policy 1558-1603, 1980, p.34）尼德蘭全境被擁有歐洲第一的裝備與戰力的西班牙陸軍的大規模部隊佔領，不僅是阻礙了中世紀以來，該地所自然成立的微妙穩定局勢以及貿易、金融中心的機能，更改變了西北歐的整個戰略狀況。

其實，尼德蘭西部的國境離巴黎不到九十英里，離英國肯特（Kent）郡海岸更只有三十英里。一旦結合了「低地」卓越的海運能力，西班牙大軍的存在將影響英國的安全這一點有深刻的認識。即使西班牙在形式上僅僅是為了鎮壓自己國土上的叛亂而出兵，但就如伊莉莎白的宰相塞西爾所說的，可視為對英國潛在的戰爭行為。

軍事力量只要「存在」某地，無論其真正意圖為何，都視為「威脅」的歐洲式思考原為主流。尤其是此地在戰略上的敏感性，在往後成為近代英國外交的傳統而更為根深蒂固。

更應關注的是此種戰略認識，在英國邁入近代的這個時期，成為許多英國民眾的共識。英國議會中開始出現這樣的聲音：「假使低地各國（Low Countries）被西班牙王朝所鎮壓，西班牙人將能如風神和海神般，在多佛海峽上呼風喚雨」。的確，眾所皆知若讓具有先進裝備的西班牙軍隊登陸，當時基本上仍為「弓箭陸軍」的英國軍隊鐵定無法招架。「低地」是「英國的護城河」，保衛低地等於保衛英國的戰略概念，此後成為英國外交史的基本命題，同時深植於國民心中，其「轉捩點」便在於此一事件。

同時，此一事件也與北法海岸對英國的意義相連結，成為植入英國人靈魂中的「歷史一貫感」。也就是說，如果在歐洲大陸國際政治的變動之下，使布列塔尼半島到萊茵河口之間的「低地」海岸被某個國家所控制，英國將完全無法抵禦該國的侵略。這個戰略概念在伊莉莎白一世在位時獲得確認。實際上，此後英國信奉數個世紀的外交權力平衡政策，就是這個戰略概念的結晶。

作為「典範」的伊莉莎白外交

一九三四年，長年擔任英國外交大臣，因為在國際聯盟等處的活躍而獲得諾貝爾和平獎的奧斯汀・張伯倫，曾如此陳述英國對「低地」政策的基本原則。

「英國的外交政策，當然也曾多次偏離常軌或產生變遷。但自『西班牙無敵艦隊』時代至今，這段漫長的歷史中，仍有我們向來恪守的原則，也就是我們不容許『低地』被軍事大國所控制。因此我們先後與菲力普二世國王的西班牙、以及路易十四和拿破崙統治的法國交戰。一九一四年夏天，我們參戰的決定性因素，也是因為比利時（遭德國）入侵。「低地」的獨立才真正攸關英國主要的利害關係，低地國境是我們的國境，若使其獨立而喪失低地，對我們的獨立是致命的打擊」（A. Chamberlain, Down the Years, London, 1934. Pp.165-66）

的確，到二十世紀中葉為止，英國歷代的領導人都忠實地遵守此一原則而判斷是否參戰。

但是，後代領導者所面臨的處境，比伊莉莎白一世的時代要複雜而困難得多。但如此卻更突顯出伊莉莎白的外交領導力作為後世典範的價值。

從另一個角度來看，目前駐紮在「低地」的西班牙大軍固然毫無疑問是個嚴重的威脅，但這也意味著潛藏企圖進入「低地」的法國勢力才是更大的潛在威脅。有意支配「低地」而擴張的軍事大國，就像往後的時代一樣無獨有偶，因此困難在於單純地使兩者「保持均衡」。

因為當時的新興大國中，離「低地」最近，且潛在威脅最大的法國，正處於天主教對新教的宗教內戰（胡格諾戰爭）之中，一時之間沒有餘力對抗西班牙。也有人希望法國內戰能早日終結，讓法國變成新教徒國家與西班牙相抗衡。英格蘭原先並無此能力，而且諷刺的是，英格蘭較容易在宗教上提供援助的法國新教勢力（休京諾派）一直沒放棄對「低地」的野心。

無論是新教或天主教信徒（雖然其他英國人有時被教派意識所撕裂），對伊莉莎白一世而言，覬覦從布列塔尼到「低地」這個範圍的勢力才是「主要敵人」。當時稱為「波利提克派」（Politiques），在攸關意識形態的價值觀上保持中立的外交觀念，被後世視為成功的秘訣之一而加以繼承，也是極為重要的一點。而重視程度較其他任何國家都高。

且伊莉莎白一世數十年來所一直實踐的，是能夠同時察覺且判斷兵臨城下的威脅和潛伏於它處（甚至可能更嚴重）的潛在威脅，這實在並非易事。受到誘惑而決定傾向任何一方，也是人之常情。但伊莉莎白一世卻沒有，在如此事態之中「把持自己」的心理與精神上的自制，讓後世的英國人學到，這是外交指導者首先必須具備的性格特質。同時就如後世所知，在如此複雜的情勢當中，更需努力收集情報。「情報」才是決定國家生死的關鍵，這個國民的普遍認識也產生且奠定在此一時期。

首先，該如何讓西班牙軍撤出「低地」？對於幾乎沒有軍事對抗手段的伊莉莎白的英國而言，可說是難題中的難題。

然後，①開始動用與西班牙國王的個人關係（想要佔領英格蘭的菲力普曾向伊莉莎白求婚）試圖說服其撤退。②秘密支援與西班牙軍交戰的荷蘭人叛軍（秘密提供經費或武器）。③使用海盜妨礙西班牙駐軍的補給。④利用「流言」孤立對手，採用傳統盎格魯撒克遜民族所擅長的「流言戰略」傷害西班牙在金融市場上的信用，妨礙其軍事費用的籌措。最後⑤在新大陸襲擊並未從事國家間戰爭行為的西班牙船隻（大多為運送銀礦）。這是當時英國配合其力量與立場，結合複雜而有系統的各種手段，並非向西班牙在「低地」的駐軍「直接訴求」，也就是不使他們有對英宣戰的理由，以使他們對「低地」叛亂的鎮壓「絕對無法成功」為目的，採用各種能夠控制風險的手段，反而成為「可無限調整之舵」（G. Mattingly, The Defeat of the Spanish Armada, London, 1959, p.40）這種「間接訴求」的戰略，持續為英國所採用。

當然，如此未必一定能讓西班牙撤軍，此時便「利用法國的力量」，使得選擇更多樣化。當然，同時在國家運作上，也必須防止法國勢力進入「低地」，避免與另一個國家目標產生矛盾。

在這一點上，塞西爾與雷斯特伯爵（Robert Dudley, 1st Earl of Leicester）等顧問與伊莉莎白在意見上時有對立。縱然希望西班牙撤退，西班牙在「低地」的政治影響力仍必須在向法國的確認下維持。而「低地」上身為新教徒的荷蘭人獨立，只會讓法國勢力更易進入，因此必須以任何形式全力阻止。即使有奧蘭治這樣獨立派的荷蘭人，向伊莉莎白「奉上王冠」也要斷然拒絕，而確立了英國的政治策略。

將「背信」轉化為「正義」的智慧

在不斷預演與「無敵艦隊」間外交戰略的一五七〇年代，這樣的「自制」與「間接訴求」成為典型伊莉莎白式外交的案例而反覆出現。

當時，在法國宗教內戰中佔上風的新教派（胡格諾派），請求英法共同援助陷入困境的「低地」荷蘭新教徒，提案中包括將「低地」南部的法蘭德斯（Flandre）劃歸法國，而「低地」北部的荷蘭和熱蘭兩州（今日荷蘭的中心地帶）則歸屬英國。

當然，法國將勢力擴展到加萊以東的海岸地區，明顯不符合英國在戰略上的利害關係。但當時在「雷龐多海戰」（西元一五七一年十月七日）中獲勝的西班牙去除了東方鄂圖曼土耳其的威脅後，因此有餘力轉向「低地」與英國周旋。已無選擇餘地。因此，伊莉莎白的英格蘭與法國在一五七二年四月以「布盧瓦條約」結為同盟。

但是，這個同盟的運作則非常「伊莉莎白」式。其複雜與微妙的程度，大大超出日本人的理解範圍

締結同盟之後，伊莉莎白便以英格蘭東南部海港為據點，飭令將英吉利海峽上襲擊西班牙船隻的荷蘭掠奪船隊「海上乞丐」（儘管過去對此加以默許）驅逐到多佛海峽沿岸的英國各港口。此一措施，第一點是與高唱和西班牙對決的法國結為同盟時，作為一種保險措施，而具有向西班牙傳達「釋出善意」的意味。

同時，被放逐到多佛海峽的「海上乞丐」的棲身之處，也已事先安排妥當。也就只有在「低地」鹿特丹河口的布里勒（Brielle）以及安特衛普（Antwerpen）下游的弗利辛恩（Vlissingen）。尤其後者是位於「低地」大動脈斯海爾德河口瓦爾赫倫島上的要衝，控制此處，就可掌握「低地」海上的出口。我們可以比喻這兩個要衝是架在英格蘭城護城河上的兩座細細的吊橋。

讓與伊莉莎白暗通款曲的荷蘭「海上乞丐」很早就進駐布里勒和弗利辛恩這兩個戰略據點為新的根據地，對英格蘭來說不只是對西班牙，也是一種防止法國這個「同盟國威脅」的手筆。

因為，大家心知肚明背後有伊莉莎白撐腰的「海上乞丐」，表面上是被英國「驅趕」到

這兩個河口港灣，但實際上卻是避免讓有意與英國共同進駐法蘭德斯海岸的法國勢力進入，因此讓他們進駐這兩處對英格蘭的安全有決定性影響的「吊橋」，具有「先發制人」的意味。並且可以讓英國與西班牙不至於正面衝突。不僅如此，伊莉莎白也與面對英法聯手而感到苦惱的西班牙展開秘密交涉，讓西班牙得知若法國有意進駐「低地」海岸，「英國將會站在西班牙這一邊」。

一般而言，我們當然可以說這是對法國的背信。但伊莉莎白所說的「站在西班牙這一邊」具有巧妙的附帶條件。也就是要求西班牙自「低地」撤退的同時必須同意恢復當地過去的自治。而此一「條件」也就是布盧瓦條約所規定，英法同盟存在的大義名份

英法海洋周邊圖

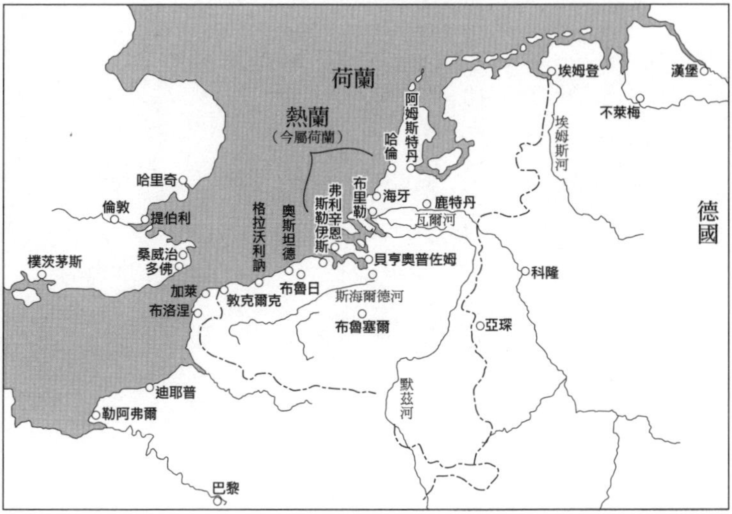

所在，為了在與西班牙的暗中來往被發現時會被責難這是對法國的背信，必須先確保其正當性。

要西班牙判斷英格蘭會堅守這些「條件」到什麼程度，那是西班牙的自由。但萬一西班牙同意英格蘭的條件，英國就可以從必須與法國合作的義務中解放出來（也就是背叛了法國）。且為了確保保護新教徒的名份，可以標舉出更高層次的「正義」（Fairness）。這一點當然多少含有「偽善」的成份，卻不一定會全面陷入犬儒主義，試著「八面玲瓏」，循序漸進或許可說是英國式的「Fairness」思維。而「Fair」這個概念，卻是經常帶有某種程度偽善的一種概念。也就是說，原先應該信守道義的對象——法國，其實明顯抱有某些野心，因此有必要確保把一般而言將成為「背信」的行為，轉化為更高格局「正義」的空間。

如果說「操作名份才是外交的精髓」，或許這就是最明顯的例子。也充滿「伊莉莎白一世風格」。我們甚至驚訝於後世的英國人將這種「道德與利益的操作」視為一種外交手腕上的典範。

無論如何，即使締結了同盟，若實際與法國共同對西班牙交戰，這對伊莉莎白一世也只是一場「惡夢」。法國或西班牙，任何一國的滅亡對英國而言都是唇亡齒寒。因為英國生存的基礎，就建立在法國與西班牙兩個相鄰超級大國的對峙之上。也就是說，英國深知在西法兩國之間求取平衡，才是本身賴以生存的「命脈」。

必須注意的是，這些部份與英國成為勢不可擋的大國之後，所正式採行的「權力平衡」政策大異其趣。在英國成為大國之前，從伊莉莎白一世時代到十八世紀初為止英國的「權力平衡」政策，是以更直接的型態顧慮本身的生存，視自己為弱者，在歐陸兩大勢力的對立與均衡之中尋求本身的安全保障。

相較之下，十八世紀之後，對穩居大國地位的英國而言，所謂「權力平衡」政策是為了英國的國家利益與歐洲大陸的安定，更主動地組織能對抗歐陸興起勢力的集團，而逐漸變得更為戰略性與人為化。但即使英國已成為超級大國，仍然繼承小國時代所學到對於力量關係的敏感度，因此對將來可能成為挑戰英國大國地位的動向或勢力，仍然保持著猜疑與嫉妒——甚至過度了。

回到伊莉莎白的時代，同盟的效用在此——也就是把法國(剛停止內戰，鬆一口氣，便企圖進入「低地」的法國)拉攏過來並加以約束；另一方面，與法國結盟的效果可以迫使西班牙必須與英國直接交涉，而減輕對荷蘭人的壓迫，同時也使英國能間接控制戰略要衝。總之，英國從一開始就已經估算如果後來情勢走向超出預期，英法同盟將有害無益。

也就是說，情勢的發展與做為英國生存基礎的外部權力平衡一旦發生變質，布盧瓦條約的效力必須讓它終止。的確將使我們感覺到這是個「複雜得無以復加的思維」。但其要點在於行動上絕不表現逾越當前狀況的明晰意圖這個基本方針，以及目的只在於希望西班牙從

「低地」撤軍等「目的意識的一貫性」。其中包含「堅定地伺機而動」的智慧。

外交上最忌諱的就是「求快不求好」。在國際關係這樣高度複雜的狀況下，任何事都可能發生。與行動較慢相比，一般來說太快投入的危險性更大。現代英國都鐸王朝史權威亞瑟・狄更斯（Arthur Dickens）曾如此分析：

「（伊莉莎白一世有時展現的）巧妙的迴避，經常為英國帶來福祉。因為即使歐陸傳來的消息再怎麼不樂觀，歐洲的局勢仍瞬息萬變，因此在（外交上）炒短線而機會主義的政策下依然保持一貫性才是上策」（A. G. Dickens, Thomas Cromwell and the English Reformation, London, 1959, pp.162-63）

加上對於「正義」的操作，這又成為伊莉莎白一世外交所表現出「英國外交精神」的典型例證之一。而這樣的外交模式中，能達到「堅定地伺機而動」與徹底的經驗主義的大前提在於「情報」。

擊敗「無敵艦隊」的關鍵

在外交上重視情報，才是權力平衡政策以及其後不列顛治世「以外交達成的和平」的一大——甚至有時是最大——支柱。也因為這一點使伊莉莎白一世成為「近代英國的開端」，對後來英國外交史的影響顯著。

儘管伊莉莎白一世採用各種機會主義作風，到了一五八四年七月，西班牙鎮壓荷蘭反抗份子行動出現即將成功掃蕩的形勢，當時英國女王親自主持的樞密院會議上，逐一徹底討論了以下各項審議項目：

①已被逼到絕境的荷蘭人，他們的抵抗是否還有用處？②如果西班牙完全控制「低地」，是否會攻擊英國？③英國人當中的天主教徒，是否有倒向西班牙的可能性？④西班牙攻擊英國的具體手段為何？⑤如果英國能阻止「低地」淪陷，能否避免西班牙攻擊英國？⑥如果能夠阻止西班牙攻擊，那麼具體的阻止方式為何？⑦為了救援荷蘭人，是否應該與法國合作，以及是否有合作的可能性？⑧英國是否應該單獨介入？⑨若英國介入，是否將引起與西班牙間的戰爭？⑩若與西班牙開戰，英國能戰勝西班牙的方法與資源為何？⑪若開戰，大約要花多少費用？⑫開戰時，應對西班牙採取何種戰略？⑬戰爭對英國貿易的影響為何……等等。

這份長達二十三項，極為綿密判斷情勢的內閣文書，由塞西爾的下一任首相法蘭西斯・沃辛漢（Sir Francis Walsingham）按照伊莉莎白的逐項指示所寫成。這些基於事實的詳盡判斷，可以看到一種冷靜到極致的態度，同時令人感受到一種氣勢的魄力。

三百多年後，在一九五〇年代擔任英國外交部副大臣的史特朗（William Strang）也提到此一文書表示：「一九五六年的蘇伊士出兵計畫，如果能做到這樣細密的情勢分析，就不會造成這樣悲慘的結果」。（Lord Strang, Britain in World Affairs, London, 1961, p.36）也許不需舉出「蘇伊士」和「珍珠港」來比較，就可證明十六世紀在情勢分析這一點的智慧與合理主義上，大大勝過二十世紀。

當然，在確實分析情勢的前提下，第一等級的情報收集與評估是必要的。且十六世紀時，在沃辛漢之下成立，成為英國外交生命線的情報活動，也是後來發展出「007」，以及MI6等傳說的「英國情報局」傳統的開端。

此一傳統的最大特色，在於必定在外交官體系之外另立情報組織，確保能夠再三確認外交情報的體系。因為實際上制訂外交政策的精英為使本身政策朝向有利方向，有將收集到的情報曲解成對本身有利方向的傾向，由於英國深知其嚴重性，才成立情報專責單位。

近代英國的情報組織（如MI6、SIS等）雖然隸屬於外交部，但維持獨立於外交官情報體系之外的情報專責機構，此一傳統從未改變。與近代外交制度誕生地威尼斯的情報收集理念完全不同，成為英國特有的傳統。

一五八七年，「無敵艦隊」（Armanda）出兵英國的時刻逼近了。沃辛漢所製作的以「西班牙情蒐方策」為題的機密文書，涵蓋全歐洲，更展現出英國情報網深入各國外交中樞的「強大」程度。從西班牙國內到「低地」，法國自不待言，包括北歐丹麥、波蘭的克拉科夫、梵諦岡到威尼斯等主要國家也無一遺漏，滲透的層級之高令人難以置信，也進入到了可掌握無敵艦隊動向的關鍵點。實際讀過此一文書後，一年前的此時便清楚知道「無敵艦隊」來襲的結果。

隔年，無敵艦隊果然來襲時，擊敗一百三十艘艦艇與三萬大兵的就是德瑞克（Sir Francis Drake）與霍華德（Charles Howard）所指揮的英國艦隊（與北海暴風）。確確實實地將「無敵艦隊」逼到絕境的是沃辛漢所提供的情報，以及掌控從「海上乞丐」手上接收來的荷蘭要衝，讓無敵艦隊無法在「低地」靠岸。這是僅有一千五百人的英國守備隊的戰略價值，以及運籌帷幄全盤操控一切的伊莉莎白一世的「戰略智慧」。

三百年後的格林威治海軍學校，東鄉平八郎在此用心學習這場與西班牙「無敵艦隊」的海戰經驗，而他是否也同樣用心學習這樣的「智慧」？這是整個近代日本的課題，也許至今都還未完成。

第三章
支撐英國的另類紳士

「帝王之不興，大眾之狂躁亦無法動搖我。浮薄塵世之褒貶，外國之威脅，甚至羅馬都城之雜事，皆無法撼動我等之權力」

——威廉・坦普爾主教（Sir William Temple）

未失卻堅持者

思考大國衰退這個現象實在是一道難題。尤其是爬梳當時人們的看法，更深刻感受其困難。

石井菊次郎是二次大戰前日本外交的代表人物之一，「石井藍辛協定」（一九一七年）使他名留青史。石井儘管在氣勢上略遜於明治時代人物，卻是繼陸奧宗光、小村壽太郎之後，在國力達到鼎盛的大正時期外交界代表人物。雖略缺氣勢，卻飽覽歐洲古今史書，在知性部份，可謂霞關外交官中之冠。石井在一九三四年曾撰文「英國衰亡論之是非」（石井菊次郎《外交隨想》，鹿島和平研究所編，1967年，98-103頁）。其中的論著充分展現了石井當時一流的歐洲理解水準與歷史視野。

其中石井自行設定了「號稱日不落的英國，其國力是否已日暮西山」這個問題意識，並對當時日本人經常掛在口中的「落日的英國」感到憂心，對此展開相當堅實的論述。

石井首先舉出數個歷史上的例子，來強調雖然過去早已有「英國衰亡論」存在，但英國一直讓大家跌破眼鏡，發揮強韌的生命力，挺過「衰退」的危機。例如在十八世紀末，因美國獨立戰爭敗北而喪失北美殖民地時，歐洲知識份子圈內曾興起「英國世紀即將終結」的說法（如A. Sorel, Europe and the French Revolution, 1885, Book III chap.1之中，詳盡地介紹了當時歐洲在這方面的看法）。石井則表示，實際上英國在此後所發生的法國大革命後戰勝拿破崙，創造了另一個盛世。的確如此。這個歷史事例是一個很好的例子，告訴我們以「趨勢」判斷歷史的不可靠性。

到了二十世紀初，看到英國深陷於南非「波爾戰爭」泥淖中的光景，想當然爾，再次讓許多世人認為「英國氣數已盡」已是不可擋的趨勢。石井舉出當時抱持此種想法的代表人物是德國皇帝威廉二世（Wilhelm II）。據說認為英國已是「垂死病人」的威廉二世，因此在第一次世界大戰貿然出兵。石井根據史實如此陳述：「在十八世紀末葉，斷定英國經過二百年的興盛即將衰退的歐洲各國，卻發現事實並非如此。在此一錯估情勢風潮之下的拿破崙被流放到聖赫倫納島。而一個多世紀後，目睹了二十世紀的英國，輕率判斷英國將步入亡深淵的威廉二世（失去王位了）被放逐到荷蘭的偏鄉，徒然看著月亮」。

在此一論述基礎上，石井又提醒：「即使不相信英國的榮景能夠長年持續，但如果就此認定英國像一座面臨傾圮的房屋般衰弱下去，是極其危險」。英國仍具有「世界霸主」的實力，雖有人認為英國是「已陷於老朽，失去實力的衰退國」，但石井的結論是認為英國：「仍具有尚未失去堅持者的信念存在」。這確實是基於史實的堅實論述。

不過，實際結果卻與石井的看法有異。

因為不過二十年光景，世界大國英國便日薄西山（一九四七年印度獨立與英軍撤出中東巴勒斯坦，到了一九五六年的「蘇伊士戰爭」，一般認為象徵作為帝國的英國「正式結束」）。當然，石井的論述若從抑制當時控制全日本，以陸軍為中心的「冒險政策」而言確實有其意義。但後來的發展並不像石井所預測的，必須指出石井對於大國興亡這部漫長的戲碼與歷史的走向的思考有所欠缺，容易陷入過份務實，過度評價當前狀況的缺失。

「穩當」與「安逸」尤其在知性領域上僅有一線之隔。而兩者混合在一起後，或許可稱為「霞關外交」。「穩當」與「安逸」的相近與可怕之處不僅是外交官，也是所有日本人應該有所自覺的。因為日本的集體性，構成容易使「穩當」與「安逸」一體化的文化體質，使得成功後的日本將「安逸」誤以為「穩當」的傾向根深蒂固。

實際上，當時英國國內也有對「大英帝國的堅持性」有所質疑的看法。

亞瑟・布蘭特是一位以開明愛國主義立場而廣受歡迎的二十世紀英國代表性歷史家，但在石井菊次郎發表上述論文的同一年（一九三四年），卻提出疑問：「我們英國人，還能夠將繼承自父祖輩的強盛國力傳承到下一代嗎？」或許現在已經不可能了（Arthur Bryant, The National Character, London, Longmans, 1934）

在此再次強調，我們必須先認知，石井的論述引發錯誤的一大主因，在於必須阻擋當時日本國內以陸軍為中心的盲目冒險政策這個背景。如石井等親英美派，雖然當時也是在國內有一定份量的精英，但論及國際情勢時，「顧及國內」的傾向仍較強。因此若以一位純粹歷史觀察者的角度來看，僅顧及眼前狀況的短視政治考量，可以說他觀察歷史的眼光不夠精準。這個例子也證明，關心政策實務者，很難深入觀察長期的歷史趨勢。

制衡一部分斷言「英美中心的時代已結束」，而操弄冒險主義言詞煽動日本向四周擴張的部份右翼、陸軍勢力，在當時固然是重要的治國之道，但因此忽略了更大的歷史趨勢，最後仍將導致更慘重的破滅。六年後，看到在敦克爾克潰不成軍的英軍，讓日本各界認為「大英帝國果然走向衰敗」，因此包括在石井之後任職外務省的後輩在內，過去不敢聲張的「推動日德義三國同盟」的提議瞬間博得人心。尤其這個國策的急轉彎導致了日本的破滅。

再者，或許有比石井以下對國際情勢的看法更重要的原因：「不僅對我國，對遠東有重大利益的強國首推英國。其次則是美、法、荷三國。其中法、荷二國在遠東的力量已不大，不提可也。而美國卻有意放棄唯一在遠東地區所領有的菲律賓，從對領土的慾望看來，可說遠東地區對美國已缺乏利益。因此我國討論遠東地區領土高等戰略問題的對象，幾乎只剩下英國。」（石井，前揭書）

此一看法在當時除了石井以外，也是代表日本的「國際派」所廣泛抱持的看法。確實在國際社會上，將無意識地傾向某種「序列」思考的傾向置於現實勢力關係之上，雖說是一種「霞關」式的思維，但若以短期視野來看，無論在政策上或輿論上都是「妥當」而「安全」的看法。不過回到一九三四年當時的歷史脈絡來看，可說日本對更大的潮流，也就是「美國」這個國家與文明在歷史上的嶄露頭角，缺乏思考其深度潛在意義的視野。對「穩當」與「安逸」的一線之隔也沒有深入認識。當這種「優等生的知性」成為「國際派」，在這世界史上的動盪期成為日本的決策團隊，或許可說帝國日本的滅亡未必是由軍國主義所造成。

放眼更遠的未來，為了國家，暫時忍受被打壓為「異端」的立場，從堅實的現實主義出發，一貫地強烈訴求自己所提出的替代政策，在近代日本找不到這種屬於精英的精神傳統。

在這樣的歷史脈絡下，與「穩當」互為表裡的主流派，儘管已能意識到「安逸」所帶來的危險性，卻只為了明哲保身而委身於「正統」之中的外務省官員，也就是石井的後輩之中，也陸續出現斷然追隨陸軍那種破滅性「皇道外交」的人物。如何讓精英階級中產生使大國的生命（Vitality）不致陷於「安逸」與「自保」，且不陷入「瘋狂」的「有骨氣的異類」，與許多層面有關。

但石井與布蘭特有以下的共同點，就是認為一個國家繁榮的基礎，發自於每一位國民的精神。石井根據他的觀察表示：「盎格魯．撒克遜民族具有開拓榮景的韌性，也同時擁有長期堅守所贏得的富貴榮華的個人性」。而布蘭特認為即使國家開始走向衰退，也表示：「正因為我們的民族性中重視獨立不羈的氣概，才能找到更有價值的力量，也就是精神力量的泉源，而能造就這個帝國」（布蘭特，前揭書）。也就是說我們可以發現，除了「風骨」與「品行」兩個詞以外難以表達，這個非常英式的概念，也就是獨立不羈的「個人性」（Character），才是支持「帝國」的「精神」之所在。因此，在「國家」與「個人性」的關係之中，或許蘊藏著理解「大英帝國」的重要關鍵。

真正的「紳士」——威廉・坦普爾大主教

迎擊無敵艦隊，奠定大英帝國基礎的女王伊莉莎白一世，就是將這種精神力量，以「個人」與歷史潮流搏鬥的故事，如史書記載般展現出來的人物。且將英國帶向「帝國」之道，也是在大英帝國歷史上首先展現出「個人」之偉大者。且展現出在眾人容易直接訴求的男性重臣之中貫徹她「大相徑庭的論點」的強韌性格。

其實更堅定支持英國長治久安的，就是在精英階層之中有許多人一生貫徹「有骨氣的異類」這個位置，同時能夠敏銳反映這些意見的體制（Etablish）具有「海納百川」的包容性。如此思考，從「伊莉莎白與無敵艦隊」到十九世紀型塑帝國顛峰的不列顛治世這個漫長的歷史之流中，有一個典型的「人格者」以活躍的姿態成為中流砥柱。

在伊莉莎白一世之後，十七世紀英國的外交與國防也一度險些墜入混亂迷失的深淵。在邁向十八世紀偉大的全盛時期，朝向真正大國之路邁進的分岔路上，在外交界創造契機的，是威廉・坦普爾。

在日本，坦普爾這個名字可能以身為英國近代隨筆（Essay）先驅，或在文學領域中聲名卓著，這正好表現出當今日本人對歐美相關知識的某種偏向。而現在希望讓日本人認知的是，「威廉．坦普爾」這個名字也是十七世紀英國頗具代表性的外交官，曾經讓可能陷入惡性循環的英國外交挺過歷史的過渡時期。

在日本國際地位日益舉足輕重之時，對於關心「最後選擇」來思考歷史，並真正關心國際政治本質的當代日本人而言，能夠更便於理解近代歐洲外交知識想必再好不過。至少不只是筆者抱有這樣的感慨，希望近代日本的知識份子將關心英國文學的精力，分配幾分之一到英國外交史這個領域來。

無論如何，坦普爾從整體歷史觀點，看到十七世紀中葉的英荷戰爭只是無意義的偶發衝突，卻紛擾不休，因此主張早日停戰，並且不隨當時英國政界討好法國的主流意見起舞，並不斷提醒日漸強大的法國，對英荷兩國而言都是「歷史的挑戰」，可說是「異端精英」的典型代表人物。

中國有「士大夫」，英國則有「紳士」（Gentleman）。當然日本也有「武士道」。不隨流俗，以更宏觀的國家與歷史視野，不顧私利，貫徹本身信念的外交官坦普爾，可說真正符合「紳士」這個稱號。至少在英國的文化傳統之中，「紳士」一詞原本就是用來讚揚一個人的人格與風格。直到今日，英國出版界所出版的許多「紳士列傳」之中，仍然經常可以看到「Sir

William Temple」的名字（例如Hester Chapman, Four Fine Gentleman, London, 1977）。

坦普爾一六二八年生於莎士比亞剛去世不久的「City」（倫敦老金融城）附近，也就是倫敦泰晤士河畔，一六九九年，在後來成為文豪的書僮強納生・史威夫特（Jonathan Swift）隨侍在側下辭世。在此特別介紹他的生涯與大英帝國國運的關係，相信或許比文學史更能引發讀者的關心。

坦普爾誕生時，在泰晤士河畔黑衣修士區（Blackfriars）聽著他受洗的教堂鐘聲的人們，或許有一部分還記得同樣的鐘聲通知著人們擊敗西班牙無敵艦隊的捷報；而坦普爾逝世後，爭相搶讀他妹妹所寫成的傳記初版的劍橋大學學生，也就是他的學弟妹們，也有些曾經目送參加拿破崙戰爭的兵士踏上征途。後來有「打倒路易十四的男人」之稱的坦普爾，才是將「無敵艦隊」與「拿破崙」巧妙結合的人物。

他挑戰了決定主權國家互相平等共存，並決定近代國際社會基本秩序的西發里亞條約以來所維繫的「歐洲新秩序」，不斷主張應該對抗威脅英國與荷蘭的存在，並不斷追求擴張的路易十四法國，以英荷合作與對抗法國波旁王朝專制主義的「自由」價值信念，在英國議會成為與奧蘭治威廉三世的溝通橋樑，為「通往光榮革命之道」鋪路。坦普爾的政壇生涯，就是由對抗專制王權的「近代議會制」與抑制有意擴張國家的「權力平衡外交」，在國內、國際兩方面發揮整體功能，因為他強調如此將能造就國家「自由」的基礎。

但當時尚未達到近代化的思維與成熟的國家主義，在充斥「趨炎附勢」氣氛的「王政復古期」（restoration），享樂而諷刺（cynical）的風氣之下，不隨流俗地強調「自由」的價值與物質的安泰，而不斷力陳象徵著磨練的「精神優勢」絕非容易的事。同時也持續力主從國家、民族的自由觀念（Liberties）而言，必須對抗當時壯大的法國。他使「造就國際上的多數派」成為外交精髓的概念，透過有志從事外交的年輕精英來教育英國國民的貢獻之大，超越了他個別的業績。

父子相傳的「精神貴族」

坦普爾家族可以追溯到世居英格蘭中部萊斯特郡(Leicestershire)的貴族家庭。且到了十九世紀，帶領英國攀上不列顛治世頂峰的外交大臣（後來當上首相）巴麥尊子爵（本名Henry John Temple）就是威廉．坦普爾的第四代子孫（侄子的曾孫）。坦普爾家族在十五世紀的「玫瑰戰爭」後一度流離失所，但到了伊莉莎白一世時代，因「無敵艦隊」的來襲而重振聲威。

與外交官威廉同名的祖父「Sir William Temple」和莎士比亞、德瑞克艦長是同時代人，同時在英國日漸興隆的文藝復興時代成為劍橋大學的著名人文主義學者。但在一五八六年，老威廉坦普爾跟著他的好友，被譽為「英國文藝復興之花」的詩人，也是軍人，同時有英國史上「最高尚紳士」美稱的菲力普・西德尼（Sir Philip Sidney）一起為了馳援荷蘭人，而出征「低地」，與西班牙交戰。就像在日本家喻戶曉的「廣瀨武夫中校」在日俄戰爭中的情景，這場戰爭有著英國無人不知的著名片段，親身經歷「西德尼陣亡於札多芬（Zutphen）」這個歷史場景，使他也成為歷史人物。後來老威廉也在伊莉莎白一世的朝廷獲得官職，渡海到愛爾蘭，獲得廣大的土地，進一步晉升為愛爾蘭的貴族。

老威廉的兒子，也就是外交官威廉的父親，並不像約翰・哈佛（今美國哈佛大學的出資者，也畢業於外交官威廉所就讀的劍橋大學伊曼紐爾學院〈Emmanuel College, Cambridge〉）等許多清教徒，為對抗英國國王的命令，而紛紛搭上五月花號等船隻航向美洲新大陸，建立另一個「神的國度」。他不為「熱潮」所惑，而效忠於查爾斯一世的朝廷，儘管從世俗觀點而言早已獲得愛爾蘭貴族這個地位，卻要爭取成為更有權勢的英格蘭貴族（Peer）。如此想來，或許因為坦普爾家族從追求世俗地位野心強大的父祖兩代，才能首次出現富有「骨氣」與「品格」，具有不隨流俗的堅持，敢於成為「異端」的「精神貴族」（Character）。

姑且不論是否世襲，在一個不容許各種意義的「貴族」存在的社會，就不會出現「剛正不阿的精英」這種模範。在文化上沒有「貴族」的社會，只會使得精英和知識份子都陷入無限的庸俗化，民主主義與自由主義價值的瓦解將難以避免。也就是說，雖說民主主義與自由主義的價值必須潛藏有「獨排眾議的精神」才得以存續，但這種精神不會產生於「大眾」之中，因此「貴族」才是民主主義的支柱，這是近代英國的思維所在。再者，這也可以保障已邁入「帝國」規模的英國社會長治久安。至少在此意義上，「貴族」消失的社會，即使強大起來而造就了「帝國」，恐怕仍將成為短短幾個世代內滅亡的短命「帝國」。

同時，坦普爾父祖輩多少帶有世俗上進慾望的處世之道，在「父子相傳」的文化中，已明顯展現出第三代將成為「精神的貴族」，這為家族命運的演變與國運都帶來重大意義。若變成因缺乏現實認識的單純「反骨」，以及囿於觀念而展現出的「狂熱」而被逐出體制之外的原理性反對派，在英國政治而言，這比活在「處世」與「安逸」中的世俗主義更為可恥。

另外，「帝國的堅持」與「父子相傳」（或是師徒，或學長學弟相傳）的文化關聯甚深。這種難以正式訴諸文字，與「不成文文化」相關的思維與行動傳統，無論在何種民主主義社會中，一個長治久安的大國在國家領導上必定要繼承下去。在現實狀況下如果不靠世襲，一個缺少「貴族」觀念的社會，國家領導者對於「父子相傳」重要性的體認也將逐漸消失。如此將加速「帝國」的喪失。

坦普爾家除了傳承自父祖輩的處事哲學，還有繼承自強調「中庸與節制之德」的著名神學家也是外交官威廉的叔父亨利．哈蒙德具實踐性的知性（實用取向）以及「行動美學」，造就了威廉在外交場合與政界詭譎環境下的手腕。不重視處世之道與實踐主義的環境，只能產生出抱持過度理想化原則的反對派以及如同殉教者般的知識份子。同時，容易使觀念性的反對派氣燄高漲的社會，總有一天會落入成「反對派」銷聲匿跡的盲從社會。

威廉・坦普爾在三十七歲那年首次當上外交官，即將就任前，威廉・坦普爾以知識份子的堅持與對田園生活的理想寫下以下詩篇以明志。

「帝王之不興，大眾之狂躁亦無法動搖我。
浮薄塵世之褒貶，外國之威脅，
甚至羅馬都城之雜事，
皆無法撼動我等之權力。
王冠之沒落，跳梁小丑當道，
大海彼端傳來令人憂心的消息。
再如何令人悲嘆，
我還有我的田園。」

（Thomas P. Courtenay, Memories of the Life, Works and Correspondence of Sir William Temple, Bart., London, 1836, vol. I, P.23, 中西輝政譯）

他就像中國南北朝的田園詩人陶淵明，或是古羅馬時代的維吉爾（Publius Vergilius Maro）

一般，吟詠著「Country Life」的理想，作為他對自然的喜好與確信他信念的根據，以他氣宇軒昂的巴洛克式獨立不羈精神，表現出身為貴族對權力與庸俗的不屑一顧。

到了一六八五年，他帶著「交涉專家」的美譽毅然從外交官生涯退休，隱居田園並指導後進。在《伊比鳩魯的庭園與園藝》這篇隨筆中，威廉・坦普爾寫下以下的詞句：

「無論在哪個國家，都有為了追求名譽和權力的衝動，而貫注金錢、勞力、精神與生命的人們。且大多以為國服務，為追求公共福利為由。但真正的公務其實伴隨著極大的勞心勞力。善良而聰明的人，除非受到國王請求，或是被認為除他之外沒有其他適當人選之外，絕不會主動追求公職。」（收錄於Thomas P. Courtenay, Memories of the Life, Works and Correspondence of Sir William Temple, Bart., London, 1836）

打倒路易十四的男人

一六六〇年代，威廉・坦普爾擔任駐荷公使前往海牙赴任時，最驚訝的是荷蘭的「自由」。與專制王權下缺乏言論自由的英國相比，荷蘭的人們在政治、外交上公然批判政府的樣子使他大為震驚。也就是說，坦普爾感覺荷蘭具有真正的貴族性，也就是他們堂而皇之地具有的「商人國家的貴族性」。荷蘭所具有的市民性這種民族性，表現於對外政策之上最為顯著，而荷蘭深深吸引坦普爾的，是那種「昂然獨立」的精神貴族性（H. E. Woodbridge, Sir William Temple: The Man and his Work, New York, 1940, p.81）。絕非當時頹廢的王政復古期英國外交所容易出現的「（向路易十四統治的法國）趨炎附勢」那種盲目追隨法國的卑微態度。當自己建立的基礎與理念（共和式市民主義）遭到侵犯時，即使身處千鈞一髮的危險之下也要堅守「獨立」，荷蘭國民所展現出與當時絕對王權的世界趨勢相抗衡的「精神的堅毅」（Moral strength），表示荷蘭的國格相當具有貴族性。當時正全力探索「商人國家貴族性」當中的荷蘭，也與之前的威尼斯，之後的英國相同，也證明自己能夠成為以商業立國的「昂然獨立」氣概挺立於世界的真正「貴族」。

二十世紀歷史家赫伊津哈認為，沿著阿姆斯特丹運河畔，千百年來不斷增建，雖然樸素卻栩栩如生，充滿個性的從商市民（Burgher）住宅，才是真正的「偉大」——堅持不模仿他國樣式，即使與華麗的法國樣式相較顯得過於樸素，但展現本身個性的尊嚴，也就是精神力量——甚至使他感覺遠勝於壯麗的凡爾賽宮殿（《林布蘭世紀》創文社，五一頁）。

進入一六六〇年代，路易十四所統治的法國在此之後進入長達兩百年的擴張政策時代。如何應對這樣的法國，對當時的英國而言是攸關國家命運的問題。與威廉坦普爾同時代的法國哲學家笛卡兒，他就直接的以合理主義表示：「對於敵對國家，只要能獲得利益，任何動作都可以被允許。此時即使是狐假虎威，或是各種智取力敵都可以」。與其說他是哲學家，不如說仍是「馬基維利的信徒」，也說明了當時法國的外交觀（A. Sorel, op, cit., p.53）。其中表現出的是「有力即正義」這種單純談力量的「合理主義」，以及不談道義的國家觀（Etatisme）。從此看來，笛卡兒是非常法國的。或許可說同樣目睹近代的到來，笛卡兒所採取的是完全不同於坦普爾的紳士情操，而完全導向理論主義的知性。

輔佐以「快樂」為人生哲學的國王查爾斯二世，且本身同樣腐敗也是坦普爾上司的宰相亨利．克文特利（Henry Coventry），一六七三年，在議會中關於第三次英荷戰爭的討論曾如此力陳對荷戰爭的必須與英法同盟的正當性如下：

「我們總有一天要與法國或荷蘭任何一方結盟，而前者法國較後者強，法國目前在歐陸軍事上的屢傳捷報可以證明這個選擇是正確的。」（Anchitell Grey, Debates of the House of Commons, 1769, vol. II, p.10）

「與強者結盟」並非權力平衡政策的作法，因為將更容易破壞勢力的均衡。如果更積極地看待「均衡」的意義，就應該反對這個結盟政策。而且必須思考，哪一方是具有擴張傾向的危險勢力；哪一方是在價值觀上，也就是國家本質上較為相通的。而坦普爾基於他二十年的外交官生涯，對抗諸多阻力，一貫地力陳應該與價值觀相通的荷蘭合作，以對抗專制法國的威脅。

坦普爾儘管頗具長才，卻不僅得罪了克文特利宰相，甚至包括哈佛大學第二屆畢業生，畢業後返英任官的金權外交官喬治·唐寧（今倫敦唐寧街的命名緣由即來自此家族），以及為求個人發達而推動英荷戰爭的阿靈頓等結為朋黨的宰相與外交官集團。當然也包括遭到國王查爾斯二世於公於私的暗中排斥。甚至在他們背後，以法國宮廷為源頭，由路易十四親手發動的「反坦普爾計畫」等各種陰險的暗潮。

坦普爾隨筆的精髓，自然也包括在官場被孤立的狀態，以及因堅持信念而帶來的寂寥。但是，坦普爾能夠長期堅持與當時英國領導階層多數人不同的路線是因為他並沒有像唐寧或阿靈頓那樣為了私利而從事貿易或殖民地投資而雙手染上金權，純粹以「知識份子的風骨」與好奇心，觀察著日漸緊湊的國際政治演變，以當時英國人所沒有的「全歐洲」這個逐漸興起的去宗教化文明意識的擴展，並對重整歐洲秩序以建立共享此一文明的基礎深具關心。

他的態度和對國際政治的關心，影響了英國年輕世代的領導人——他們多屬輝格派（Whig）推動光榮革命，而逐漸確立近代的「權力平衡」政策。如果這樣苦口婆心的呼籲沒有發生作用，恐怕英國將淪為路易十四的殖民地。

細看當時的歷史，英國淪為法國殖民地的危險性確實不低，但眾所皆知最後此事並未發生。光榮革命之後，由於「抵抗專制」的連結而促成了英荷間的親近，以及之後長達二十年的對法戰爭（九年戰爭與西班牙繼承戰爭，一六八九－九七年與一七〇一－一四年）。英國的決定所造成的西班牙繼承戰爭與阻斷路易十四的野心，讓這一切尚未完成就辭世的坦普爾在天之靈能夠安息，他也因此獲得「打倒路易十四的男人」的稱號。

打敗拿破崙、俾斯麥的勇士們

坦普爾的「氣概」，在往後的英國精英傳統中沒有中斷，並且一直延續到本書最主要關心的不列顛治世時期。在這個傳統中，絕不可忘記的是兩位外交官的事蹟。在此簡單介紹他們的一些軼事。

坦普爾過世約百年後，從十八到十九世紀像他一樣擔起英國外交重擔的，是詹姆士·哈里斯（後來的第一代瑪姆斯貝里伯爵）。

但今日對哈里斯的評價不一，可能是由於今日累積許多讀者的哈洛德·尼克爾森（Horold Nilolson）的《外交》一書所致。尼克爾森筆下的哈里斯，充滿了十八世紀歐洲宮廷外交的頹廢氣氛。有時還出現在俄羅斯女皇葉卡捷琳娜二世的宮殿中，以洛可可風的豪華糜爛風格享樂的貴族外交官形象。這種「為公務而行的戀愛遊戲」本身，對於身為同性戀且具有「潔癖」的尼克爾森而言或許很難接受。但剛直而愛國的哈里斯，則與尼克爾森描寫的形象大不相同。

一七四六年，詹姆士・哈里斯出生於有英國最高的著名大教堂的索爾茲伯里(Salisbury)，是著名哲學家老詹姆士的獨生子。但老詹姆士後來轉戰政壇，歷任下議院議員、財政部副大臣、侍衛長等，將世俗的成功與廣泛的人脈傳承給兒子。作曲家韓德爾就是老詹姆士的知己之一，韓德爾的許多歌劇作品都是為老詹姆士而作。詹姆士往後一再強調「父親的恩澤」，是他「成功最大的泉源」，父親的人生經驗和所實踐的道義，就是「行動哲學」。這樣的世俗性，以及身邊具有權力慾望的父親及其友人自幼耳濡目染下，性格敏銳的詹姆士很早就展現出他的政治敏感度。

從牛津大學墨頓學院（Merton College）畢業成為外交官的詹姆士，首先被派駐西班牙，而前往馬德里。在一七七〇年遇到與二百年後同樣的狀況，英國所屬的福克蘭群島，與西班牙（二十世紀則是阿根廷）之間面臨戰爭一觸即發的狀態。倫敦內閣基於展開獨立運動的美國殖民地詭譎的狀態，而試圖尋求像西班牙妥協之道。但身為下屬的詹姆士在大使不在的狀況下直接向西班牙交涉，採取強硬立場硬是讓西班牙讓步，也避免了戰爭。當時他年僅二十四歲，在外交界一戰成名。（以下關於詹姆士・哈里斯，主要參照Diaries and Correspondence of James

Harris, First Earl of Malmesbury, London, 1845）

後來哈里斯擔任駐柏林公使，與老奸巨猾的普魯士國王腓德烈二世（Friedrich II）上演緊迫的外交戰。三十一歲時又擔任駐俄大使，在聖彼得堡全力支撐因美國獨立戰爭的失敗而被歐洲全面孤立的英國外交。在祖國英國已經在北美大陸陷入苦戰之下，由於歐洲大陸「反英大聯盟」能否團結的關鍵就在俄國女皇手上，因此詹姆士拼命斡旋，終於獲得成功，這是尼克爾森所謂「閨房外交」的真相。

此後在一七八〇年代，荷蘭成為英、法、普魯士三大勢力競逐之處，反而使得法國被孤立，結成（英荷普）對法三國同盟，哈里斯也獲得「第一代瑪姆斯貝里伯爵」稱號。這卓越的外交手腕可說就是他的看家本領所在。

法國史上最偉大外交家，也就是「老謀深算」的塔列朗（Charles de Talleyrand-Périgord）發出這樣的感慨：「瑪姆斯貝里伯爵（詹姆士．哈里斯）是全歐洲最為卓越的外交官，是不可能被超越的，今後我們只能追隨。」

的確在以我們會聯想到「舊制度」（Ancien Régime）之下的外交世界，以及熟練的傳統印象，但在此必須強調的是，哈里斯不惜與容易流於安逸的國王喬治三世和攝政皇太子（後來的喬治四世）對立，將「英國的國家利益」放在個人利益之上，即使賭上官位也要不斷堅持理念。尤其哈里斯當時年紀已老，仍然決心奮起在法國大革命與拿破崙一戰，帶著「賭上性命」的勇氣，以其決心帶領年輕一代的主事者與法國決戰，是哈里斯當時的功勞。

小威廉．皮特（William Pitt）和喬治．坎寧（George Canning）（分別生於一七五九年和一七七〇年），以及年輕的巴麥尊（一七八四年生），這些後來都成為不列顛治世的建構者與領導者，以及十九世紀英國領導者的人物，都從年輕時就向哈里斯學習何謂「外交」、「權力平衡」、「交涉」等等，也可以說是父子相傳的放大版。而且他們沒有絲毫將「穩健」與「安逸」混為一談的平庸。度過十八世紀險惡外交場合的詹姆士．哈里斯，總是為年輕政治家培養「敏銳度」、臨機應變，以及強烈的「貴族式」愛國主義。

相對於稱霸大陸的拿破崙，「緊咬上唇」（Stiff upper lip）（英國人表現必死決心，「咬緊牙關」的典型用語）、領導英國外交繼續堅守「本身獨立」的，可說大多因為年近七十，幾乎喪失聽覺的詹姆士．哈里斯的愛國熱情。或許他是比納爾遜、威靈頓、皮特或卡斯爾雷子爵等人都更值得被稱為「打倒拿破崙的男人」的英國人。

即使擁有廣闊的國際視野，但若無堅強的國家意識，便無法獲致成功的外交成果。「熱情」有時在通常必須冷靜的外交場合比任何其他領域更為重要。哈里斯這樣頂尖的外交界重鎮，對於在重大風險中開始退縮的年輕主政者，以他萬分的熱情鼓勵他們「徹底抗戰」的氣魄，是證明了當時英國領導者在精神方面「帝國的堅持」高度的情景。也是當時因為丟掉北美而被盛傳「衰退的大英帝國」的英國「依然頑強」的最佳證明。

最後不能不提的是具有「躍動的知性」及「敢於成為異端的骨氣」，支撐大英帝國使其堅忍不拔的羅伯特·摩里爾（Sir Robert Morier）。生於一八二六年，一八九三年在駐俄大使任內過世的摩里爾，是讓「衰退」徵兆已然浮現的英國能振衰起蔽的大功臣，同時也與坦普爾一般，尚未看到自己努力的成果展現便辭世。兼具極為率直的個性與敏銳的情勢分析能力，又「非常自我」的摩里爾，後來也深受法國人喜愛，被譽為「打倒俾斯麥的男人」。

長年派駐德國，並深入洞察俾斯麥統治下的德國後表示：「德國將來必定會成為英國的仇敵」。為此力主即使再如何與俄國交惡，英國也必須與俄國合作。在第一次世界大戰中包圍德國並將其打倒的基本伏線，就是摩里爾所打下的基礎。後來的阿斯奎斯（Henry Asquith）內閣時代，由外交大臣愛德華·格雷（Edward Grey）所推動「因英國的積弱」而生的對德包圍外交，導致了第一次世界大戰這場悲劇。但如果如摩里爾所採取拉攏俄國來緩和德法間矛盾的外交手段，或許可以避免第一次世界大戰的爆發。

摩里爾的外交手腕，在妥為解決一八八五年為爭奪阿富汗造成英俄衝突的一大危機——「潘德紛爭（panjdeh crisis）」而獲得證明。即便如此，當時的維多利亞女王卻因個人對德國的偏好而數度要求內閣罷免摩里爾，俾斯麥也運用多種謀略讓摩里爾失勢。

但更重要的是，為了與當時聲勢如日中天的俾斯麥德國對抗，摩里爾在世界各地力陳必須和長期與英國對立的帝俄合作，這樣的立場在世紀末的英國外交上，尤其是實務路線的穩健派看來只能說是「一大異數」。但摩里爾對歷史的洞察力與難得的骨氣，在他死後曾在千鈞一髮之際挽救了大英帝國的生存。

其中也包括了能夠寬宏大量地包容摩里爾這個「異端份子」的首相索爾茲伯里所展現的，英國統治階級（Establishment）展現了他們的「寬宏大量」，能夠容納摩里爾這種在他國或許將因過於張揚而難以立足的反骨分子。

而這種寬宏大量，就是英國貴族文化的最大利器。

實際上，花了數百年孕育出來的英國貴族文化，最典型的例子就是塞西爾家族的後代索爾茲伯里，站在領導國家的第一線，不能不說是英國的一大幸運。

無論如何，一個大國要長治久安，必須具有超越「安定」、「穩健」、「妥協」等一般所需外交通則的「異端與風骨的維持者」，同時全國上下也必須具有能夠包容他們的「度量」。大英帝國因為路易十四、拿破崙與俾斯麥的出現，數度面臨存亡危機時，坦普爾、哈里斯、摩里爾等「重要異端人物」在英國歷史上的功績，正是最好的證明。

第四章

帝國殉教者查理·戈登

「太遲了！太遲了！空虛，救出是空虛的挫敗。而現在他的生命是英國的光榮，他的死是英國的驕傲！」

——丁尼生（Alfred Tennyson）

令人崇拜的高貴民族英雄

一八八五年一月二十六日，非洲內陸的沙漠。天還沒亮的凌晨，大批穿著粗布軍服的當地民兵，朝向他們已經包圍好幾個月的喀土木英國總督（名義上是代表埃及的總督）官邸，展開全面攻擊，攻入城內。被圍城的市民之中只有一位英國白人總督，以「萬事休矣」的表情穿上白色的正式軍服，一手拿劍，一手握著軍用左輪手槍（revolver），一夫當關地面對著殺聲震天，不斷湧向官邸內的民兵。

現存描繪此一場景的繪畫，看來是總督悠然面對民兵衝上階梯的情景。侵入者看到總督威嚴的態度一瞬間軟化了。下一秒，一個纏著頭布的民兵將長矛擲向總督，長矛貫穿了總督的胸口，因而當場斃命，享年五十一歲。

維多利亞女王在日記中寫下這位總督的死是「我國令人敬佩的高貴英雄」。而桂冠詩人丁尼生以格調更高的輓歌讚美這位總督的犧牲。

「這位神之戰士，人類之友，獨裁者之敵，死於遙遠的蘇丹荒野。但您將永遠活在世人心中。因為您的高貴世上無人能及。」

八十年後的一九六〇年代，倫敦近郊薩里州（Surrey county）某所學校的校園內，聳立著一座一個男子騎在駱駝背上的銅像。通學路上每天經過這座銅像的少年，某天和父親一起經過時，突然問父親：「騎在戈登背上的人是誰？」那所學校就叫「戈登男子中學」。當然不是駱駝，而是騎在駱駝上的人叫「戈登」，也就是那位悠然死去的英國總督。

到了二十世紀的六〇年代，英雄崇拜的傳統已褪色，「大英帝國」的記憶也已遙遠而模糊。但這座銅像直到一九五六年蘇丹獨立（也就是蘇伊士戰爭當年）前為止，原本是矗立在首都喀土木市中心顯眼的通衢大道上。而坐在駱駝上的人物，當然就是「喀土木的戈登」。

儘管如此，在日本毋需贅言，即使在今日的英國，知道「喀土木的戈登」這個名號的人也越來越少。但一百多年前，在蘇丹沙漠死於非命的查爾斯・喬治・戈登（Charles George Gordon）卻是談「大英帝國」戲碼中不可或缺的角色。

提起伊莉莎白一世、納爾遜將軍、邱吉爾三人，總覺得缺了一角。當然這三人作為英國史上的「偉人」當之無愧，都是為「大英帝國的光榮」貢獻良多的偉大人物。但英國的光榮故事，除了這三位外，還缺少一個不可或缺的角色。那就是在國家興盛達到頂點時的某種「狂熱」，與預感到在此之後的「衰退」時，那種帶著「寂寥」的心情，這個故事缺乏了一點哀愁的部份。

在帝國草創期，迎擊西班牙無敵艦隊的是伊莉莎白一世。在邁向巔峰時，遇到與拿破崙統治的法國一戰，祖國面臨存亡危機，以孤注一擲的勇氣「勇往直前」救了英國的是納爾遜。而在帝國已經日薄西山之際，費盡心思讓「帝國」餘暉能夠「完美落幕」的，則是邱吉爾。

而這裡總覺得缺少了處於壯年期的「爛熟」，反映出過了頂點準備開始下坡，也就是表現出更年期之前所出現的「焦慮」、「驕傲」這種更多采多姿的時代氣氛，和能代表這個時期的人物。一般而言，或許會以維多利亞女王來填補這個位子。

但維多利亞女王即使其他條件都具備，卻是一個與多采多姿的「戲劇性」無緣的人物。不過幸好在那個時代，有一些人代替她演出了豐富多彩的故事。而其中表現最為戲劇化的，就是這位「喀土木的戈登」。

「中國人」戈登

維多利亞的治世開始於一八三七年，結束於一九〇一年。在這治世後半的一八八〇年，誕生了一位鬼才歷史作家立頓・史特拉齊（Lytton Strachey）。他終其一生都非常講究「維多利亞時代」的意義。

史特拉齊一方面寫下著名的傳記《維多利亞女王》，同時另一本代表作《卓越的維多利亞時代人》（Eminent Victorians）書中，將「喀土木的戈登」的地位與南丁格爾並列，甚至認為他比南丁格爾偉大得多。實際上，戈登在維多利亞時代的「不列顛治世」中作為一個不可或缺的配角，其地位是南丁格爾所難以比擬的。

查爾斯・喬治・戈登於一八三三年誕生在一個軍人家庭。從他的姓氏可得知，他原屬蘇格蘭的高地家族（Highlander），在重視勇猛善戰和心理活力的環境下成長。自幼進入伍利奇（Woolwich）陸軍官校，畢業後分發到皇家工兵連隊（Royal Engineers）擔任軍官。二十一歲參加克里米亞戰爭，也參加了與俄軍的激戰地塞凡斯托波爾圍城戰(The Siege of Sevastopol)，儘管受傷卻仍鼓起勇氣勇往直前。丁尼生有名的詩〈巴拉克拉瓦突擊戰〉（Battle of Balaclava）中歌頌了戈登的功勳。此役後戈登獲破格拔擢，參加了俄羅斯與土耳其間從高加索到比薩拉比亞(Basarabia)之間的新國境重劃作業。

自此之後，戈登受英軍當局派遣到歐洲以外區域從事情報收集與協助外國政府的勤務，比他在正規部隊的工作還重要。據說在軍事交涉的第一線為英國的國家利益服務，提昇了他的國際知名度。他的生涯在同時代的英國軍人中是很特別的。可說是適合稱為「大英帝國先鋒」的一個「種族」——也就是後世所稱的「殖民地形式」。

但戈登本人卻沒有一絲令人聯想到「殖民地形式」，或者「帝國官僚」的「氣息」。或許他屬與某種深沈的狂熱主義者，同時也篤信基督教的福音，終生維持著獨特的生活方式，保持清貧，貫徹著一位「求道者」的虔誠基督徒生涯。不僅如此，他從表面上看來與當時英國社會與輿論近乎輕薄的狂熱，以及終究走向幻滅與寂寥的時代氣氛完全相反，戈登身上展現著從靈魂深處湧出的超然氣質，他完全符合英式英語所說的「Eccentric」那種特殊的生活方式，正好與維多利亞時代的「俗氣取向」（Snob）完全相反。

克里米亞戰爭的戰後處理告一段落後，戈登從高加索返國。很快到了一八六五年，與中國發生「第二次鴉片戰爭（亞羅號戰爭）」。戈登上尉奉命出征遠東地區而前往中國。到達後，也親眼目睹由第八代額爾金伯爵（8th Earl of Elgin）率領已駐紮北京的英法聯軍掠奪、破壞乾隆皇帝所建造的圓明園。對一生並不瞭解「帝國主義」這個概念的戈登而言，這是「文明」（英軍）對「野蠻」（中國或亞洲）的懲罰，或者說是「救濟」的行為。

之後，戈登派駐中國四年，這期間他的生涯走向還是被命運所吞沒。

一八五〇年起，以中國南方為中心的反抗農民所組織的「太平天國之亂」進攻甚猛。清朝正規軍無力抵抗，當第二次鴉片戰爭後的中英媾和條約成立後，歐美勢力為獲得在中國新的利益，決定協助清廷鎮壓這次動亂。

一八六二年，美國將軍華爾（Frederick Townsend Ward）率領由歐美將領所指揮的非正規軍「常勝軍」鎮壓太平天國。但在華爾死後，偶然的機緣下讓戈登率領了這支軍隊。

這位英國陸軍遠東派遣軍的工兵上尉被清朝授與「提督」的頭銜，而躍上世界舞台的戈登，當時年僅二十九歲。

因當地民族的在地能量與狂熱的宗教情懷所煽動，要鎮壓以長江下游為中心，統治範圍達一萬四千平方英里，人口數千萬的「太平天國」絕非易事。但率領常勝軍獲勝的戈登，卻是出乎眾人意料之外。「中國人戈登」成為一個神話，今日關於太平天國的世界史中，總會提到戈登的名字。

在戰爭中，這個率領「文明與帝國先鋒」的戈登，表現出三個明顯的特徵。

第一，他是個極為膽大心細的「軍事天才」。第二，獨自投身於一大群「異教徒」（非基督徒）之中，卻能以本身的「威嚴」與精神力量，讓非歐洲世界的民眾能夠心悅誠服地服從他的指揮，可見他具有一種不可思議的「非凡的領導魅力」(Chrisma，卡里斯瑪)。

當然，他所指揮的中國人部隊也有動盪不安，險些叛變的時候，但根據記錄，他卻能夠獨自面對群情激憤的數萬民兵，而順利安撫他們，有如奇蹟一般。許多見過他的人，都覺得他的「卡里斯瑪」，來自他銳利而深不可測的「藍眼睛」深處。直到他在蘇丹沙漠死於非命為止，見過他本人者，幾乎都覺得他具有一種不可思議的威嚴，和充滿權威感的「天生領導者」印象。

而戈登的軍旅生涯，幾乎未曾處於「指揮官」以外的地位。似乎沒有什麼比「聽從他人命令」更不適合戈登。

而第三點就是他一生所貫徹的態度，也就是一種帶有反世俗、反權力色彩的「清貧的求道者」生活方式。實際上，在一八六四年，當常勝軍攻陷太平天國的首都南京，並徹底殲滅洪秀全的領導階層時，戈登霎時在全世界聲名大噪。當時清朝打算賞封他最高的官位與豐厚的獎賞，但他完全婉拒。最後，他只帶了一塊刻有他此次功績的大清朝皇帝御賜純金獎牌一面，在這一年年底獨自回到倫敦。

返國後，他的生活型態仍一如往常，甚至更加嚴格。僅管他在自己國家已經廣受歡迎，卻仍不太與政界或社交界打交道，而接受了在泰晤士河口葛文森（Gravesend）要塞工程總監的閒職，將工作之餘的時間全部投入慈善活動與宗教冥想。他保持單身，收入都用於「慈善」用途。官拜工兵中校的薪俸絕不算少，但他卻經常兩袖清風。

因此在某一年，蘭開夏(Lancashire)發生飢荒，在相關捐款活動中，手邊已經阮囊羞澀的戈登，竟然從抽屜中拿出清朝皇帝賜給他的金牌，並且將上面稱頌他的功績磨掉，投入募款箱中。這樣的作風直到他葬身蘇丹為止未曾改變。

一八八二年，為保有蘇伊士運河所有權，已經武力佔領原由鄂圖曼土耳其控制下埃及的大英帝國，又將觸角伸向尼羅河上游的蘇丹。當時蘇丹以伊斯蘭原理主義的「馬赫迪宗教戰爭」已威脅到埃及南部的安全，英國政府便趁此機會派遣戈登前去「調查」。

一八八四年一月，從倫敦查令十字（Charing Cross station）車站搭上P&O汽船聯絡列車前往蘇丹的戈登，有外交大臣格倫維爾（Grenville）、陸軍總司令劍橋公爵(Geogre William Frederick Charles,2nd Duke of Cambridge）、以及戈登的同學與多年好友嘉內德・沃爾斯利

（Garnet Wolseley）參謀總長三人前往送行。看到身無分文，連懷錶都沒有的戈登，沃爾斯利偷偷將自己的一些現金和帶有銀鎖的懷錶塞入戈登的口袋。看到這位即使沒錢卻律己甚嚴，威風凜凜的戈登少將，身為王族元帥的劍橋公爵竟不由自主地肅立，親自為戈登打開車門。

然後，目送戈登搭乘的列車離去，揮著手中的絨帽久久不停的三人，不知是否有所自覺，這是大英帝國「從頂點出發的旅程」。

一八五一年「倫敦萬國博覽會」

若要問不列顛治世，或說維多利亞時代的「頂點」是哪一年，可能通常會認為是舉辦「倫敦萬國博覽會」的一八五一年。

三十五年前的一八一六年，在滑鐵盧的郊外，英國殲滅拿破崙法國大陸軍隊（Grande Armee）的聲威遠揚，加上經濟力量的優越，英國一路壯大起來，頌讚著英國鼎盛時期的就是一八五一年召開於倫敦的「萬國博覽會」。整個用玻璃作成的嶄新設計展示品，讓觀賞民眾如癡如醉的「水晶宮」（Crystal Palace），是為了向世界傳達英國的技術、國力與人類永續進步的信念。博覽會主辦人亨利・科爾(Sir Henry Cole)在開場演說留下了這段話：

「要稱頌人類作為的進步，在世界的歷史紀錄上沒有什麼比這場『工業製品大博覽會』更有意義。……現在，我們偉大的英國國民，將邀請全世界所有人民，前來這場向世界展現人類文明與技術進步成果的一大盛事，共襄盛舉，同時也在此保證這場盛會的成功。」

這不只是一段堆疊了華麗詞句的演講，而是自信滿滿地明白展現了人類的進步與英國國力的永續發展。當時英國的字典裡可說沒有「衰退」這個字眼。不過此後沒有多久，英國便慢慢走向「衰退」，到了十九世紀末，「衰退」的陰影開始出現在英國一般人民的腦海中。

倫敦萬國博覽會的二十七年後（一八七八年），身為外交官，卻一直以「動物般的直覺」感受歷史脈動的外交官摩里爾（第三章曾提及）曾表示：

「當今英國的國力已走向衰微與退潮。雖然仍有巨大鐵甲戰艦的外表，但引擎的火已開始熄滅，如失去舵的船隻般開始在海上漂流。」

同一年，印度總督李頓伯爵（1st Earl of Lytton）也表示：「英國已開始急速失去帝國的本能與氣力」。如此的觀察或許可說是一種例外的敏銳，或是過於悲觀。但是我們仍應注意這些站在大英帝國體制頂端的人們在當時的看法。

再過十年後，一八八八年倫敦《經濟學人》（The Economist）雜誌上的外交專欄作家，同時也是另一雜誌《觀察者》（Spectator）總編的梅瑞迪斯・湯森（Meredith Townsend）也如此評論摩里爾與李頓的直覺。

「姑且不論好壞，但現在英國人的心理起了很大的變化。我們已不再那麼相信自己，說起那陳舊的想法或意見時會有所遲疑，心中對於自己給自己的命令也開始懷疑。我們已經開始無法相信我們統治他人時，在道義上的正當性，這也包括對自己的統治。」

如果衰退是一種精神問題，我們觀察後世，會發現就如這些較為敏感的人所先嗅到的，英國的衰退大約是從此一時期開始。

再過三年，時任加拿大總督的第十六代德比伯爵（16th Earl of Derby）更清楚地說明如下：

「今日的英國無論在何種論文或討論之中，都已經看不到像一八四〇到一八五〇年代那樣自信滿滿的樂觀精神。當時大家都堅信，那樣的變化若持續下去，世界很快就會跟著改變。他們高談『然後戰爭就會消失。因為民主主義的勝利可以消滅戰爭』的想法，以及『教育可以使所有人變得明智⋯⋯』等信條。但現在我們已經無法再如此樂觀。這數十年的經驗改變了我們。我們學到了，並不是只要讓選舉權和教育普及，就能夠把全世界變成人間天堂。」

萬國博覽會主辦人科爾的自信，和四十年後德比伯爵的看法形成強烈對比。這四十年之間的英國，並沒有輸掉戰爭，且無論在經濟實力，或是政治、文化方面在世界上的影響力也沒有太大變化，那麼為何會產生這種時代意識的變化呢？

在思考「衰退」問題時，有一個很大的線索逐漸浮現出來。

大英帝國的「折返點」

從滑鐵盧到「倫敦萬國博覽會」之間的三十五年，以及博覽會後到戈登去世的三十五年，現在來看，的確前半是「樂觀」的走向，終於達到頂點，然後逐漸轉向「悲觀」的時代氣氛，成為強烈對比。例如在後半三十五年即將結束時，與「無限進步」的教義深切相關的「自由貿易」論的衰退，與「反抗佃農」威脅帝國核心的愛爾蘭問題浮現，使得時代思潮以開始出現悲觀與渾沌的跡象。而促使時代產生戲劇性轉捩點，如「漩渦」般凝聚在一點的現象，大概就是「戈登之死」。

在學習英國史的過程中，會覺得沒有一個時代像一八五〇到一八八〇年代這樣難以定義。

表面上的變化當然可以充分地敘述出來，但其中的深層意義，卻可能產生了以一世紀為單位的視野所無法盡收眼底的重大變化。也就是說要重新思考這一段在長達數世紀的大英帝國漫長歷史河流中的地位。如此看來，這個時期可說是近代英國的「一大折返點」。

一八五〇到一八七〇年為止的二十年間，英國對外貿易無論進出口都成長了三倍。但其中也可發現英國的「國家根本」已經從根基開始變化。

一八六八年，英國國內所消費的穀物、肉類、乳製品等農產品，仍有五分之四為國產。但僅僅過了十年，國產的比率驟降到五分之二。這是由於交通方式（尤其是鐵路的發展與大西洋航線船隻的加大）的大幅進步，東歐和北美的廉價農產大舉傾銷所帶來的。再加上其他一些重要原因，使得不僅是社會深層構造，更包括人們對時代的觀感確實產生變化。

一八七〇年代之後，關於經濟安全保障的討論急速展開。這是由於糧食仰賴進口比例迅速提高，導致對外投資的快速成長，同時造成產業對本身競爭力的不安感浮現等各種原因綜合起來所導致的結果。一八五〇年，英國對外投資總額僅三億英鎊，一八七〇年代則已達到九億英鎊。

同時更重要的意義在於，一八五〇年代的投資對象是歐洲、北美、加拿大及澳洲等，像是以促進市場經濟構造的方式進行。過了一八七〇年代則轉變為對埃及、土耳其、波斯等以政府國債等帶有政治性的投資。

一八五〇年代，英國在克里米亞戰爭中與俄羅斯戰鬥時，俄羅斯政府為籌措經費，打算向倫敦市場舉債時，英國政府則避免介入，一切委由「市場理論」決定，而默許俄國政府向倫敦市場籌措軍事費用。實踐了二十世紀所難以想像的徹底「市場至上主義」。

但對於曾經體驗過此種「自由經濟」的國家而言，當農產品仰賴海外比例提昇，對外投資也需要保護時，對產業競爭力的不安也將提高，當這些現象接踵而來，對原先自由主義世界觀的不安與矛盾，對於對外政策所帶來的壓力將會增加數倍，自然會為社會氛圍帶來微妙而深刻的變化。

當然，過去對於說明十九世紀末英國「帝國主義」現象的論述早已存在，但問題在於即使具有以上的重要背景，單憑這些也無法改變歷史的走向。因此那個「點火者」，也就是決定時代精神轉換的關鍵，在「歷史發生之前」啟動的關鍵是不可或缺的。而英國則是總有具強烈個性的人物成為這個關鍵。如「喀土木的戈登」就成為了這樣的關鍵性人物。

未被「救出」的總督

走向世紀末的一八八〇年代，英國面臨了「更年期焦慮」。使這個年代「焦慮不安」的決定性影響，一個是關於愛爾蘭自治的大爭論，另一個是英軍佔領埃及。

愛爾蘭是英國自十二世紀以來的最古老殖民地。結果這「最後的殖民地」就如北愛爾蘭問題一直未見解決一般，可說有如「英國史的詛咒」一般，是個歷史上不光彩的一頁。

愛爾蘭問題在某種意義上充滿了讓英國人「狂亂」的因素。一觸碰到這個問題，就會讓英國社會從最根本的國家觀與認同一分為二，或許至今仍是如此。

一八八〇年四月上任的自由黨格萊斯頓（William Ewart Gladstone）內閣所提出的「愛爾蘭自治法案」（Ireland Home Rule）。如文字所述，從根底動搖了英國人的國家觀。造成了「世紀大爭論」。如果要放棄大約與牛津大學創校同時（十二世紀末）獲得的殖民地——愛爾蘭，那麼印度、蘇伊士、甚至馬爾他或直布羅陀等都該脫離英國，如此一來，英國還剩下什麼呢？想到這樣的英國，應該會令人憂心不已。恐怕連想像這種事情都是第一次。這個事件似乎就象徵大英帝國面臨了「更年期焦慮」的循環。

因此，在想要逃離「愛爾蘭陰影」的英國人之中，有一部份就轉為對埃及、蘇丹的「狂熱」。而對此理解最透徹的，就是戈登。

在查令十字送別戈登的三位高官，並未發現戈登是賭上性命，也要將埃及、蘇丹納入大英帝國——也就是戈登心中的文明世界——之中。在月台上將自己的銀製懷錶塞入戈登口袋的沃爾斯利，兩年前才親自率領遠征軍佔領埃及，殊不知現在要如何處理原為埃及保護國的蘇丹這次的叛亂，正是處於「更年期」的猶疑，且可能是左右站在世紀末這個分歧點的大英帝國往後命運的關鍵所在。

當時他們只知道，戈登一個人孤軍奮鬥，如果撤出蘇丹，就必須同時撤出非正當佔領的埃及，那麼就難以保住蘇伊士運河。而保有印度，可能直接關乎帝國的命運。

格萊斯頓內閣面對當時蘇丹的「馬赫迪主義」，即當地民眾的伊斯蘭原理主義抗爭行動，原先是為了「撤出」蘇丹才派戈登前去。戈登到了喀土木之後，卻沒有帶領英軍「撤出」，卻單槍匹馬闖入已被反抗民兵包圍的英軍陣中。當日益強大的民兵包圍喀土木的消息傳回英國，立刻使得英國的輿論沸騰。許多英國國民高喊著「拯救戈登」。然後就如戈登所預測的，那口號轉成了「不要放棄埃及！掌握蘇伊士！」，又與「愛爾蘭永遠屬於英國」的主張合而為一，使大英帝國就此投入一去不復返的歷史激流中。

貫徹「小英國主義」的格萊斯頓首相頑抗著這股聲浪，並且如戈登所預測，終於抵擋不住國內輿論壓力，而同意派遣由沃爾斯利率領的大軍前去「拯救戈登」。而派兵拯救戈登，也就是加強了給英國政府施加壓力的「保住蘇丹」，同時也連結了「保住愛爾蘭」這個對於國內政治的暗喻。而在歷史趨勢的潛在意識上，愈來愈多人難以接受自己淪於守勢，也意味著「我們絕不放手」的情緒高張到壓過了正當性。

以格萊斯頓這位古典自由主義派為代表的「進步」、「樂觀」世代，終於彈盡援絕，而捲入了世紀末的狂亂之中。

但由於格萊斯頓的猶豫不決，嚴重拖延了派兵時機，因此當沃爾斯利率領的軍隊到達喀土木時，已經是戈登遇害的三天後了。

儘管結果戈登沒能「獲救」，但戈登還是獲勝了。對戈登而言，「帝國殉教者」永恆的生命不僅在天上，也永遠活在世間。因此對他而言是對神的奉獻，也是對文明與人類的使命。

戈登的死訊讓整個英國籠罩在悲傷之中，因此丁尼生留下了這樣的詩篇：「太遲了！太遲了！空虛，救出是空虛的挫敗。而現在他的生命是英國的光榮，他的死是英國的驕傲！」

對英國而言，已是無論如何都無法放棄埃及。格萊斯頓政權也被逼到絕境，十九世紀的古典自由主義與理想主義時代，已永遠終結。

戈登死後十三年的一八九八年，年輕時曾經參加沃爾斯利遠征蘇丹拯救戈登部隊的霍雷肖・基奇納（Horatio Kitchener）所指揮的大部隊「蘇丹攻略軍」從埃及出發，沿著尼羅河進攻，到了喀土木郊外的恩圖曼（Omdurman）將伊斯蘭（馬赫迪）反抗軍完全殲滅。對英國而言總算是「雪恥」了。但這次「為戈登復仇」的行動，不僅攻擊馬赫迪民兵，更與計畫從西非方向東揮軍攻向蘇丹法紹達的法軍短兵相接。基奇納趁勝追擊，在兩個月後以其「威力」驅逐了法紹達的法軍，在英法間的帝國國力競賽（法紹達危機）中，大獲全勝。

但數個月後，南非傳來「波爾戰爭爆發」的消息，而這場戰爭使得對「帝國」的狂熱急速幻滅，轉趨黯淡。

「喀土木的戈登」將帝國與文明的使命混為一談的問題，以及意識到「衰退」的狀況而陷入「急躁」狀態的輿論，給予英國很大的教訓。這是一個「統治力量」開始衰退的帝國，國民的「感傷戰線」開始擴大的一個古老的例子，而後來大英帝國也的確走上衰退的道路。

第五章

「自由貿易」的束縛

「不過在數年之前，還被認為無疑地能適用於任何時代的（自由貿易）原則，如今已開始遭受公然批判」

——路易斯・約翰・詹寧斯（Louis John Jennings）

被逼上絕境的霸權國家

探究大英帝國偉大的根源來自何處，同時也是探究大英帝國衰退的原因何在。

脫離長期鎖國後的明治日本，為了尋找新國家建設的範本，在明治四年（一八七一年）發生了前所未有的事，也就是國家領導者相偕出國，前往歐美努力觀察。

而這個岩倉使節團以他們特別敏銳的嗅覺發現了「歷史的秘密」。根據他們的報告書《特命全權大使米歐回覽實記》，他們在以下的「英國作為」之中發現了國力的泉源，同時也是建設富強國家的關鍵所在。

「英國是個商業國家。國民同心協力為世界貿易貢獻。故船舶遍及五大洋，購買各地天然資源運送回國，借助鐵炭之力製成工業產品，再行銷世界各國。」

的確，明治日本在軍隊組織、政治制度與教育理念上未必完全忠實地以英國為本。但認為要從英國尋找國家生存與強化的關鍵，各種制度都只是實現國家強大的手段，看來明治日本的領導者們已經領悟到以大英帝國為模範的精髓所在，也就是說，要排除多餘的夾雜物，奠定建國策略的主軸，包括岩倉具視在內，使節團一行人也在「英國的作為」中直觀地掌握了「富強的秘密」。

但這樣的認識並非僅限於明治日本，也是歐洲各主要國家包含美國在內早在十九世紀中葉就達成的共識。但實現的方式，則是由各國本身的立場來建構獨有的策略。

在這層意義上，英國可說已逐漸被「逼上絕境」。但這個被「逼上絕境」的霸權國家，該如何保住領先地位呢？

換句話說，當使國家富強的「歷史關鍵」已被公諸於世，而逐漸被「逼上絕境」的大英帝國還有什麼選擇呢？而各國的領導者又是如何認識大英帝國？

如前述《回覽實記》中所記載英國的「世界工廠」地位，在岩倉訪英時，其實已經江河日下。此後英國的競爭力雖有幾度出現「復甦」或「重生」的徵兆，但直到二十世紀中葉真正走向「結束」為止，英國的「世界工廠」地位從未真正重生過。

實際上，從工業生產力，特別是產業競爭力來看，一八七〇年代的英國已經「開始走向終點」，今日我們從許多統計數字來看即可一目了然。但比這個事實更重要的是，在這個「開始走向終點」的時期，包括領導人在內的許多英國人是如何解釋，又以何種想法去討論因應對策等。

當時的英國人關於「衰退」——後世的人所認為——的主要討論焦點，在於對「自由貿易」的看法。

對於「衰退」的危機感和「自由貿易」的爭論似乎有著某種關聯，有時伴隨令所有人一目瞭然的必然關聯性與狀況戲劇性地急轉直下，在一八八〇年代的英國鮮明地展開。

在英國中部曼徹斯特市中心的廣場上，有一座被煤煙燻黑的紅磚建築。這幢名叫「自由貿易會館」（Free Treat Hall）的建築建於一八四三年（其後於一八五六年改建），作為「自由貿易的殿堂」，紀錄了光榮與悲慘的歷史。在一八四〇年代，以推動「自由貿易」為名的穀物法廢除運動在此地風起雲湧之時，理查・克布登（Richard Cobden）那場歷史性的演說，就在這個會館舉行。

但隨著十九世紀末的日漸接近，這個「自由貿易殿堂」不僅在表面上，其理念象徵也開始逐漸明顯。這是由於工業生產力大幅躍進而興盛的經濟大國，在此榮景之中採用了「自由貿易」後，競爭力浮現之時，該如何應對一直以來的「自由貿易」政策？「衰退」與「自由貿易」的關係，對近代的「大國作為」而言，具有某種普遍的意義。

在這一點上，英國的例子至今仍能給我們許多啟示，因此耐人尋味。當國民理解國家所採行的「自由貿易」對自己國家產業的存續與未來的國力未必有利時，作為一個對維持世界經濟與國際秩序安定的責任有所自覺的大國，將陷入深刻的矛盾之中。

且對於一個國家利益的結構較當初訂定「自由貿易」國策時複雜太多的大國而言，也將面臨顧及整體國家利益的強大壓力。例如當製造業競爭力低落時，就對工業採取保護主義，金融、服務（許多英國人依然認為「City」是英國經濟的「生命線」）則仍繼續採取開放體制，這種「只挑有利之處」的方式不可行。

對過去自豪於「自由主義」意識形態，公開宣揚其信念的知識份子或政治人物而言，只因為「狀況」的變化而必須降下他們理念的「旗幟」，將關乎他們在知識的可信賴與一貫性，因此成為道義上極為痛苦的抉擇。因此他們發明了許多修辭，以及中間性的「理論」，同時偏向保護主義，使他們在結果上看似產生了某種新的，以及為增加「開放性」而採取的「新路線」論點，並開始流傳。一八八〇年代的英國在此種意圖中產生的口號如「公平貿易」（Fair Treat）以及「互惠主義」（reciprocity）等用語，開始常掛在人們嘴上。

但在談「自由貿易」與「衰退」的問題之前，首先必須談一個直到近年都常為人提起的問題。

想回歸「田園」的英國人

過去經常可見的「英國衰亡論」中，有幾個有力的論點長年以來一直延續至今。但略加思考，有些理由似乎有些說不通。其中具代表性的一點是「英國的衰退」中，興盛的原動力，也就是推動產業革命的工業家——未必指經營者，而是指「創業家」（Entrepreneur）——

在事業成功後，買下鄉村的土地，成為地主而「退回」非生產階級，失去身為產業革新者的活力，導致英國產業喪失整體競爭力，甚至有種說法認為這是「英國衰退」的根本主因。（此一論點的代表人物是美國人馬丁．維納的《英國產業精神之衰退》）。

此一論點在各式各樣的「英國衰退論」之中，是最受歡迎的一個觀點。恐怕對今日日本人之中許多也抱持的這種論調，或是將此認定更加立體化的「英國衰退」形象影響深遠。但在此必須提出的是其中所包含的兩個根本問題。

第一點是在知識社會學上，盎格魯．撒克遜民族的世界中「階級」觀念根深蒂固的問題。不可忘記的是，在批判這種「地主紳士」的背後，經常潛藏著歷史家（甚至包括歷史的讀者）對英國「階級社會」現實狀況的「憤恨」（Resentment）。也就是說，社會大眾發覺國家衰退時，對於「地主紳士」，以及作為「近代」象徵的上層中產階級（Upper Middle Class）等國家領導階層，有一種「國家如此，孰令致之」的幻滅感，以及由階級差異而來的敵意，以知性方式投射出了「英國衰退論」。（某些論點亦可見於克瑞里．巴奈特的《英國國力之崩潰》與安德魯．甘布爾的《英國衰退百年史》等亦可發現相似例子）。

當然，這種階級矛盾的情感並非僅見於英國人，也與包括美國人、加拿大人、澳洲人等屬於盎格魯．撒克遜文化圈知識份子對英國的矛盾情節而發生的反英，即反紳士情感相關。而對他們而言，維多利亞時代的大英帝國卻又是如此「近在眼前」的時代。

第二，而且是更重要的一點，則是「成功者變為地主紳士」這個現象，從中世紀以來，甚至可能從英國開國以來，就是英國社會的一個基本現象。成功的官僚、軍人、商人、作家和工業家，幾乎都嚮往著「田園」。在英國總認為「在鄉下擁有土地」最能象徵人生的成功。甚至在英國史上幾乎每個時代，「成功者」在鄉下購地而「成為地主」，才是推動英國歷史——不是向後，而是向前——的根本力量之一。也就是說，「成為地主的意願」在興盛期的大英帝國也是發展的一大原動力。

的確，從十九世紀到二十世紀這個時代，將資本以人為方式從工業部門移轉到缺乏效率的英國農業這個狀況，可以當作一個純經濟理論問題來探討「衰退」現象。但若以更長遠的眼光來看，正因為這些「暴發戶」無視於市場原理，不斷在農業上投入資金，才能挽救十九世紀中葉因「廢除穀物法」而導致競爭力衰退的英國農業市場「開放」後，到一八七〇年代甚至瀕臨崩潰危機的英國農業，直到二十世紀發生兩次大戰，國家面臨危機時，仍能勉強維持最基本的糧食自給率。

如果在大戰或國家面臨其他危機時，英國的糧食自給率再稍微低一些的話，英國恐怕就不只是「衰退」，而可能走向更慘重的「滅亡」。例如在德國實施「無限制潛水艇作戰」，潛入英國港灣不斷將英國船隻擊沉的一九一七年春季（至夏季），就出現了（崩毀，也就是英國的社會崩毀與對德投降）大致可以證實。

除此之外，大量的產業負責人轉為地主，在對維持英國國力的貢獻（例如地方制度的近代化，以及對各地步兵部隊的編成與管理等軍事作為）也非常大。

也就是說，英國人無論是軍人或學者、工業鉅子，在社會上若獲得成功，便到鄉下成為地主的現象，幾乎可說是英國國民文化的精髓。認為在國民文化上保有「自我」（Identity）就是「衰退」因素的說法，恐怕並不能算是能解釋「衰退」真正原因的論點。而淪為較為陳腐的文化決定論，至少這並不是一個具有嶄新意義的衰退原因論。

但不可忘記的是，被認為是「英國衰退」一大主因的長期貿易赤字，是由於開放農業市場而進口的大量糧食所導致。雖然海運收入與對外投資的利息收入使整體收支勉強不淪入赤字，但大量進口食糧導致經常性貿易赤字與「衰退」的關聯性，比過去經濟史中所記載的要大得多.

今天，我們再次聽到「貿易盈餘是保持下一代競爭力（Competitive edgy）的關鍵」這個現代美國經濟學家所主張「最新理論」的今日，我們將更能理解「英國衰退」與恆常的貿易赤字——以及大量糧食進口帶來的經常性赤字——的關聯性。且表示出在高呼「自由貿易」的時代，糧食自給率沒下限地探底的危險，不只是涉及「糧食安全保障」的範疇，而是攸關國家存亡的問題。

自由貿易帶來衰退時

若說「自由貿易」會導致大國衰退，或加速衰退，恐怕是個很有問題的說法。且討論此點也將偏離衰亡論的主軸。首先在現在的日本，無論以「自由貿易」的理念來看，或純粹以「國力」觀點來看，都仍處於努力追求「開放」的階段。因此這種「看得太遠」的論調有其問題。

但如果我們排除一些獲普遍承認的說法帶給我們的先入為主觀點，來思考「歷史上英國的衰退」（或者以今日美國所逐漸轉向的貿易政策為背景），思考「自由貿易」與「大國衰退」的關聯在學術上具有重要意義。且在考察此一問題時，首先要思考的一點是，英國（甚至美國亦復如此），並未因採用「自由貿易」制度而掌握經濟霸權。

在當時的國際標準看來亦屬例外，採取濃厚保護主義色彩關稅政策的一八二〇年代的英國（美國則直到一九三〇年代為止）一旦建立了經濟霸權，由於工業生產力的急速擴大，而必須尋求海外市場，故以「自由貿易」名義要求海外市場的開放，例如一八六一年與法國締結的通商協定，也就是克布登．舍瓦利耶（Michel Chevalier）協定即其中一例。這一點可說是在英國之後的經濟大國也同樣符合的普遍現象。但在此之後的所謂「經濟大國」即使時間上有些延遲，但經常性貿易收支仍走向赤字狀態，同時也造成國內各種利益結構急速的固定化，因既得利益或世代交替等理由導致社會活力的變調，以及政治意識的變化，也許這是與「衰退」初期徵兆相似的景況。但尤其在一八八〇年代的英國，關於「自由貿易」的長期爭論過程終於浮上檯面。

一八三六年，路易斯・約翰・詹寧斯生於英國東部的諾弗克。二十多歲時就擔任當時已是英國代表性報紙的《泰晤士報》印度特派員。一八九三年在《紐約先驅報》（New York Herald）的倫敦特派員任內去世。是當時盎格魯・撒克遜世界中廣為人知的記者。南北戰爭後擔任《泰晤士報》駐美特派員，與美國女性結婚並定居紐約，後來成為《紐約泰晤士報》主編，引領批判當時腐敗至極的紐約市政中所謂的「坦慕尼協會」（Tammany Hall）風潮，成為美國史上劃時代的「文筆勝利」代表人物。年過四十才回到英國的詹寧斯（這種例子在當時的「大西洋社會」並不罕見，較今日的西歐更為無國界），對照興盛的美國與「因自由貿易產生劇變」的祖國英國，強烈對比使他大為震驚。

詹寧斯於投稿到〈Quarterly Review〉雜誌一八八一年七月號的論文〈英國貿易與國際競爭〉中，從以下這一節揭開序幕。

「今日，英國的現狀與討論將來的方式產生了重大變化。過去（英國人）對將來的強烈樂觀與自信幾乎消失無蹤。美國總有一天將取代英國的經濟霸權，也逐漸證實了格萊斯頓的預測。」

而且，當時英國論壇上討論最為頻繁的話題並非選舉法修正，也不是（當時開始浮現危機的）愛爾蘭問題。而是是否應採取「自由貿易」的討論。但詹寧斯又指出，當時的討論中逐漸頻繁出現的關鍵詞是「公平貿易」、「相互主義」與「制裁」等等。實際上，第一次出現對英國產業競爭力持悲觀看法的評論，是在一八七四年。也就是在十九世紀末的二十年間讓世界天翻地覆的「大不景氣」（Great Depression）開始的那一年。

但一開始英國的主流論調對於產業經營者的不安，只是重複著「完全不需擔心」的說法。《泰晤士報》到了一八七九年，仍有以下的說法：「即使真的開始陷入不景氣，一定會自動產生出一個因應對策。也就是因人口增加（使工資降低而恢復競爭力）。」（《泰晤士報》一八七九年一月十七日），仍然重複著馬爾薩斯、李嘉圖風格的自由貿易論。

但從一八八〇年開始，經濟學家（在十九世紀的英國用語中，「經濟學家」（economist）一詞所指的是從李嘉圖以來，基於特定理論支持自由貿易的學者或社會運動家）與曼徹斯特派的信心開始動搖。詹寧斯對這些變化的見證如下：

「到最近幾年，原先認為無庸置疑地適用於任何時代的（自由貿易）原則，現在卻開始遭受公然批判。甚至也有人開始懷疑，我們所慣稱的「自由貿易」，究竟是否仍與一八四六年（穀物法廢除當年）相同？是否符合於現實狀況？」

一八八一年春季，北英格蘭各地為抗議法國等海外各國封閉性的貿易政策，數度發生每次聚集人數多達萬餘人的示威抗議事件。一八六〇年代歐陸各國與美國一度降到史無前例水準的低關稅，到了一八八〇年前後則又逐漸傾向保護主義。思考當時的狀況，對於英國長期以來所實施的是否為「單方面自由貿易」的質疑日漸增強。逐漸朝向進步派立場的各大報對於正統派自由貿易主義必須修正的相關討論逐漸出現，但相當明確。《泰晤士報》上亦可見到這樣的感嘆：「現在，（為擴張而奮鬥至今的）自由貿易恐怕必須從頭開始」。（一八八一年五月二十日）

一生大多數時間身為亞當・史密斯、李嘉圖信徒的代表性自由主義政治家格萊斯頓亦表示：「我們已經無法接受外國製品在我國市場內佔有非自然優勢的現行制度。平等（即相互主義）才是我們應該信奉的原則。有人說即便如此，還是這個（自由貿易）體系較佳，因為如此英國消費者可買到較便宜的物品。但我認為這種建築在根本性的不平等與不正義之上的享受，無論獲得多少利益，都不會真正對消費者有利。」（引用前述詹寧斯論文）這種極富格萊斯頓個人風格，從「正義」來討論「利益」的方式，由內而外都可明確發現他的自由貿易主義發生了轉向。

實際上，由於一八七〇年代各國保護主義的興起，英國的出口呈現大幅減少的態勢，不過數年到十年的光景，對德國的出口額減少了百分之二十八，對荷蘭減少了百分之三十六，對美國則減少百分之二十八。一八七〇年，作為英國策略產業的棉製品對美國的出口量曾達到兩百六十五萬磅，但一八七六年就減半為一二八萬磅，一八八〇年雖是經濟學家稱為「紀錄性復甦」的一年，但也只是暫時回升到一七五萬磅，隨後便走向持續下滑。對德國的棉製品出口量變化更為戲劇性。一八七二年的出口額約高達六百萬英鎊，但一八八〇年就驟降到一百五十萬英鎊。同一期間，對荷蘭出口也從四七五萬英鎊降到兩百五十萬英鎊。而對於並非外國的殖民地印度，棉製品出口額則從一千三百萬英鎊大增至兩千萬英鎊。

即便如此，這段期間的變化實在太過劇烈。「經濟大國的衰退」這個普遍的矛盾，英國成為第一個案例。即使考慮「大不景氣」的影響，至少也充分表示英國已走入「窮途末路」，失去了經濟霸權。

唯一選擇是「開放的封鎖」

因此，許多原本主張「放棄殖民地」、「小英國主義」的曼徹斯特派與自由主義派逐漸開始「重新思考」（Think twice）。

對當時的英國而言，「迎頭趕上」的國家大幅增加，逐漸進入一個「大競爭」時代。而「自由貿易」在「大競爭」時代中將面臨無可避免的轉變。實際上，英國人聽到「殖民地」或「帝國」等概念時，首先聯想到的是「印度」作為市場的重要性，直到此一時期才真正為英國人民所認識，接著才從此概念連結到典型的「帝國主義」論。

關於「帝國主義」的討論或許已令人厭煩，但那些討論其實都只是從二十世紀所關心的事物去套用罷了。也就是說，兩次大戰的原因，究竟是出於「資本主義國家間的戰爭」，或者「帝國主義」才是元凶？或說「帝國主義」是國內階級鬥爭擴大到國際的結果等等，總是以二十世紀的社會主義革命觀點為中心來觀察，而在告別二十世紀後的今日，再以這種如上個世紀遺物般的觀點來探討的「帝國主義論」，只能說是相當過時的。

但在二十一世紀的今日再度浮上檯面的是，對於十九世紀末被稱為「帝國主義」的動態，若以另一種觀點來看，他們正面臨世界規模的「大競爭」時代，一個原為經濟大國的國家首次感受到「窮途末路」，而無可避免地試圖採取「鎖國」或「區域整合」的觀點來看，即可發現其普遍性。

當然，這種封鎖與一九三〇年代，或二十世紀的「鎖國」概念有所不同，包括各種的「粉飾」在內。乍看之下強調了「鎖國」或保護主義所看不到的新機制。但「大競爭時代」的終結點，若僅以歷史上的前例來看，的確經常發生在某處的封閉。例如一九〇三年，由著名殖民大臣約瑟夫·張伯倫所提出將大英帝國全部版圖定為制度化的「特惠關稅區域」構想，就是在嘗試一種強調「創新」的「鎖國」作法。但張伯倫的排他構想在一九〇六年大選中慘敗而受挫，真正的實現——也就是對英國「自由貿易」的「真正終結」——要等到一九三二年的渥太華協議之後。

儘管英國的自由貿易在十九世紀末到二十世紀初曾發生過大規模的爭論，但持續到一九三〇年代是不爭的事實。但當時認為「維持自由貿易需要一些『封鎖』」，成為對自由貿易很普遍的一種諷刺。

到了十九世紀末，英國擺脫過去的搖擺不定，猛然朝向「擴大帝國」的方向發展，一方面是由於金融勢力範圍利害關係以及必須維持自由貿易的現實狀況下，為了使競爭力低落的本國產業能夠「重生」，因此擴大「開放的封鎖」的大英帝國圈已是無可迴避的情勢。但這絕非「張伯倫構想」，或之後的渥太華協議中那樣建立「封閉空間」的明確選擇。或許可說是若非產生像大恐慌這樣的危機，便不可能做出的抉擇。但若以或然率來看，一八八〇年代，以及一九〇三至一九〇六年這三年間「張伯倫構想」浮現的年代，英國的確處於順利脫離自由貿易的可能性極高的時代。

能夠勉強控制住脫離自由貿易趨勢的，是英國金融中心「City」對政界的影響力，以及結合新登場的英國型社會主義理念的工會運動。純粹從經濟利益的立場來看，又如後者所認為的「只是為了資產階級的方便，不要剝奪我們的便宜麵包」這個訴求，呈現出勞動大眾對階級關係的不信任感與敵意。因此我們可以得知，在往後是否應採取保護主義成為有力爭執點的一九〇六年大選上，勞動階級的聲音使有意推動保護主義的張伯倫保守黨政權大敗成為決定情勢的關鍵。同時也可發現「便宜麵包重於工作機會」這種英國特有的大眾意識存在，並以建立「社會保障」制度的趨勢為後盾。這也意味著維持自由貿易需要一個「大政府」，而英國因為經濟大國的衰退而變成了「易滑的坡道」（Slippery slope）。

另一點是可見到經濟原則與政治力學上諷刺的關聯。意味著政府機能肥大化的充實社會保障與維護自由貿易體制，這樣歷史上的諷刺現象值得現代世人更多的關注。如果朝向「去除福利」的「市場主義」方向前進，甚至可能掏空支持自由貿易體制的有力政治基礎。再者，無論在任何國家都很難維持無法保障人民工作機會的開放體制。至少如果先進國家仍維持如二十世紀前半的薄弱社會保障制度，一九五〇年代以後的自由貿易體制恐怕將無以為繼。如果以結果來反推回去，必須思索「大政府」或許是「自由貿易」不可或缺的支柱。

無論如何，一個已經呈現陰影的經濟大國要維持「自由貿易」，在「大競爭」的時代中圖存，無論在任何時代，或許都只剩下建立一個「（號稱）開放的封鎖」這個選擇。但這個選擇仍保持自由貿易的名義，但藉由不只是經濟，也包含政治與軍事的總合措施，試圖保住既有「相對優勢」的選擇，另一方面也將具有釀成「帝國衰退」現象真正發生的可能性。

對於一個在國際秩序上擁有霸權的世界大國而言，即使競爭力出現衰退了，它因為在過去被視為邊境的區域比較容易取得主導而保住了帝國威望，該霸權看起來依然維持了相對優位。但這政策經常使得帝國必須背負超出預期的政治、軍事成本。同時所要營造出的是在貿易政策上，即使是「開放的」封鎖——既然如此——一個衰退的霸權大國，視情況在與其他封鎖對抗時，為建立本身有利的封鎖秩序，即使明知擴大封鎖需負擔龐大成本，仍會意圖利用本身所有之政治、軍事手段行之。或許這才是「大國誘惑」的真正核心。

直至一八八〇年代波爾戰爭為止，思考英國「擴張帝國的衝動」時，絕不能忽略此一要素。

因此，如此遲早必將導致「帝國的過度擴大」。

但是，筆者認為衰退的根源，並非如保羅．甘迺迪所認為在於擴大版圖所帶來的軍事規模負擔增加（《大國之興亡》），而是源於為維持自由貿易，而動用其政治影響力來確保有利的「開放封鎖」這種「霸權大國的生存（Survival）矛盾」。

因此問題就不在於是否要維持保羅・甘迺迪所提出的軍事規模，對於一個意圖以政治、軍事影響力所形成的「綜合秩序營造力」這個國策上的相對優勢來促進經濟競爭力「再生」的霸權大國而言，有時會遇到這樣無可取代的唯一選項。或許可謂，由於擔心若為了減輕軍事、政治上的負擔而縮減其規模，將造成經濟上的存亡危機而導致「帝國的過度擴大」。也就是說，近代的經濟大國要蛻變成綜合性的霸權大國，要完全脫離自由貿易主義幾乎是不可能的，但同時因此所維持的自由貿易之中，「帝國過度擴大」也是無可避免的。

當然，一方面將形成保羅・甘迺迪所提出的傳統式「帝國的疲弊」。但同時也會激化全球性的「大競爭時代」。因為無論規模大小的自由貿易若得以維持，「開放式封鎖」這個外界認為只要稍加努力便可加入並獲利的「低門檻」，在他國輕易跨越之後，掌握了「富強之道」這個「歷史秘訣」的開發中國家，必將更努力地急起直追。

另外，如我們在一八九〇年代到二十世紀初的中東、印度和遠東國家所見，意識到將面臨長期衰退的大國為「維護經濟利益」，以這樣利己而直接的目的動用軍事力量。大國越是展現其「本能」，越發使得旁人從根本質疑起「霸權正當性」與保有殖民地的「統治正當性」。如此將使得「帝國」霸權失去道義上的正當性，在政治、文化上對週邊各國的感化力量將大幅下降。同時反而使得「帝國」本國的國民（Metropolitan）喪失對維持世界秩序的關心。的確在實際的歷史發展上，二十世紀初的英國以日英同盟、英法協議、英俄協商等形式，在各地區交由他國代管，看似進入了在世界各地的「退場程序」。但英國的退場程序遇到如第一次世界大戰的「突發狀況」，與其說是中斷，不如說在大戰後，人為的「過度擴大」更為浮上檯面，使國內外對「霸權正當性」的疑慮再度升高。第一次大戰本身確實大幅加速了英國的衰退。但若以更長遠眼光來看，正因為帝國正當性的喪失與國內外疑慮的加深，才使英國「開始走向終結」，並且加速走下坡。

自由貿易的原理，原本在於擴張全世界的財富，因此嘉惠全人類的初衷毋庸置疑。但是卻與一個「窮途末路的帝國」的「衰退」問題相結合，成為一個難解矛盾的源頭。「自由貿易」原本象徵著霸權帝國的偉大，卻同時轉化為「一大束縛」，也就是「帝國的業障」。

第六章
「波爾戰爭」的挫折

「遲早，將為帝國之安全與榮譽，以及我民族之福祉，與波爾人這場大正義之戰，恐無可迴避。」

——溫斯頓・邱吉爾

支持帝國的領導階層

大國衰退之時，必然伴隨精神上的萎靡。英國二十世紀最大的古典學者吉爾伯特・莫瑞（Gilbert Murray）便極力主張希臘、羅馬大文明衰退的核心問題在於「氣力喪失」。

而四百年前，誕生於威尼斯衰退期的歷史家喬萬尼・博泰羅（Giovanni Botero）則有更透徹的看法如下：

「使一個偉大國家毀滅的絕非外在因素。最重要的在於人心，以及反映國民心理的社會風潮導致毀滅。」

但如果衰退的關鍵來自於「人心」，也就是精神上活力的枯竭，那麼問題在於，具體而言是「誰」的心，是什麼樣的人們心中「氣力喪失」造成了衰退？

當然到最後成為了全體國民的精神狀況。但若從國家本身就是一個具有「意志」的有機體這個特徵來思考，那麼這個精神狀況應該還是發生在國家領導階層（Governing elite）的心中。且該階層，或集團的精神活力與國運相關。綜觀所有帝國的歷史來檢討大英帝國衰退的主因時，我們似乎找到了特別重要的關鍵。

伊波利特．泰納（Hippolyte Taine）是生於十九世紀法國的最優秀歷史學家之一。他曾於一八六〇年代觀察英國，令人印象深刻的是，他以驚嘆的筆調寫下他所感受到當時英國領導階層（Governing class）極為頑強的精神活力。實際上，過去數個世紀以來領導英國的貴族階級所具有的活力與自信相當驚人，因此國民堅定地信賴他們的領導。而泰納對於推動廢除穀物法，以及選舉法修正運動，使英國政治開創新歷史，朝向民主化大步前進的克布登派某個激進型的領導者有以下的看法：

「打倒貴族階級並非我們的目的。我們深知國家的統治與領導必須交給他們。因為負責國家營運的工作必須由特別的人擔任，也就是天生具有領導者特質，好幾世代以來一直接受成為領導者的訓練，能夠抵抗外來的壓力與利己的誘惑，能夠自立自強不依靠他人，我們中產階級認為必須要由這樣的人來領導。」（Richard Shannon, The Crisis of Imperiaism）

在任何時代，任何國家，都有領導國家的精英階層存在。

無論在哪一個繁榮的大國，都會具有精英階層的雄才大略，整個階層的活力，以及民眾對領導者堅不可摧的信賴感。而支撐大英帝國的貴族們所具有的能力與財富，以及他們所擁有的自信與活力也有目共睹。這就是所謂的「Noblesse oblige」（格言：高貴的人們有為國民服務的義務）。這是模糊的語言所難以表現的一種活潑的自信與活力。

其實這句格言是由美國人所發明，表現在那已經不再因為出身背景而具有統治義務與特權的時代，具有美國風土所特有，帶有後顧之憂的「精英主義」的躊躇。近代的英國貴族並不需要特別用那樣華麗的言詞來強調他們統治的特權與義務，因為他們有卓越的能力和堅強的精神為後盾。

在大英帝國鼎盛期，一八五〇年代數度擔任歷代內閣外交大臣的克拉倫登（Clarendon）伯爵，擔任外交大臣時已年近六十，持續五年多每天工作十六小時。當時的英國官員幾乎都沒有所謂的秘書，所以必須每週親自起草幾百條訓令，外交大臣每天要花六個半小時接見各界人士，對於擔心他健康的女兒，克拉倫登伯爵總是得意地說：「外交工作才是我最好的運動」（Lord Strang, Britian in World Affairs, London, 1961, pp.164-65）

從伯爵的回答中，可以得知對他而言有比義務更重要的事。克拉倫登在外交部大臣辦公室努力工作時，年輕的德布林（Dublin）侯爵從伊頓公學考上最高學府牛津大學基督堂學院（Christ Church College）並以優異成績畢業後，在二十多歲時便參加克里米亞戰爭的講和會議，同時又多次以遊艇前往冰島、斯匹茲卑爾根島等北極圈附近探險。不知哪一項才是他的「興趣」。德布林後來又歷任加拿大總督、駐俄羅斯大使，並利用公務之暇從事研究，獲得牛津大學法學博士後，又擔任印度總督。到了六十九歲，在駐巴黎大使任內，仍從事泰國與法屬中南半島（今越南）之間的高難度交涉。當時的日記中寫下他所最關心的事。

「今年又讀了十幾本希臘文原文的亞里斯多德作品。剛開始學波斯文，也背了兩萬四千個單字。但其中只有八千字能確實記牢，一萬兩千字大概記得，剩下四千字就背不太熟，所以沒什麼了不起。」

從這裡我們可以知道，支撐著大英帝國的貴族們具備了超乎想像的才能、活力與使命感。由此可知與德布林只差兩歲，身為法國具代表性的知性人物，且不輕易讚美英國的泰納，卻如前述大為讚嘆英國貴族的活力是其來有自的。

但在二十世紀法國最為親英的歷史學家安德烈・莫洛亞（André Maurois）在描寫維多利亞女王死後的作品中，我們可以看到的是優雅練達且極具知性，但已經明顯開始失去自信與活力的年輕貴族政治家身影。（《愛德華時代的英國》）

從泰納驚嘆領導者極富自信與活力的英國，到了莫洛亞已感受到的「走向落日的英國貴族」，這之間究竟發生了什麼？儘管有經濟競爭力的衰退與民主化的進展，國際情勢的變化與社會構造的轉變等種種因素，精英階層心中所發生的某種變化應該才是關鍵。思考「英國衰退」現象時，與思考其他帝國衰亡現象相同，這裡的精神問題也是一個極為重要的命題。

維多利亞時代的結束

「歷史的轉捩點」其實經常只在一瞬間。

泰納所看到的英國與莫洛亞所觀察到的英國，大約相差半個世紀。但英國精英的精神活力產生重大變化的時期，大約就在世紀末，也就是在一八九七年到一九〇二年之間這五年的狀況是關鍵。

一八九七年，正值維多利亞女王「在位六十週年」（Diamond Jubilee），當年六月以倫敦為中心，以及在世界各地的英國領土上數度舉辦盛大的慶祝儀式。當時有許多不同膚色，多種宗教與文化的四億「帝國臣民」，都沉醉在以「大英帝國永遠偉大」為主題的慶典活動之中。當然，這無疑是為「鼎盛期的帝國」錦上添花的「盛大慶典」，但同時也是宣告大英帝國漫長歷史中進入「終曲」的慶典。

當時英國統治範圍廣達地球陸地面積的四分之一，且全球六分之一的人口處於大英帝國的統治之下，是史上最大的帝國。

但早在四百年前，馬基維利（Niccolò Machiavelli）就曾如此描述大國的命運：

「在神的天理之下，任何有形的事物都會片刻不停地變化。因此所有的事物一旦攀上顛峰，因為已經無路可上，就只有等著無可避免的走下坡。」

而大英帝國在此後不過半世紀的光景，便永遠消失在地平線上。

的確，在過了「顛峰」之後，這下降的速度是快是慢，看法因人而異。但「在位六十週年」那令人感傷的壯麗慶典之後，似乎可以預料到，就像「盛宴落幕後」一般，帝國面臨出乎意料的挫折所造成「時代精神」的變化。

這些壯麗至極的慶典後僅過了四年，維多利亞女王便駕崩了。在一個君主統治的國家，在君主正值治世時的政權交替，總會為該國的人心帶來超乎理論所能說明的深刻改變。尤其該君主統治的時代很長，且所經歷過的時代越是偉大輝煌，對於新時代的「廢弛」與「喪失感」就越重。且不同於過去漫長而厚重的時代氣氛，往後將來到的治世，將從根本予人「輕薄」、「渾沌」的感受。而且領導國家的精英階層們，其精神狀況之中將清楚地反映這種氣氛。

至少，在達成輝煌成果的維多利亞時代結束時，給予英國人一種「一個時代結束」的感受，而且這個時間點也實在非常戲劇化。

當時，就已有許多人主張十九世紀是「英國世紀」。但關於「十九世紀的最後一年是一八九九年，還是一九〇〇年」這個問題，就是一八九〇年代英國知識界——同時也蔓延到全世界——所爭論的主題之一。但做出結論的方式也頗有英國風格，也就是由「皇家天文局」裁決「一九〇〇年十二月三十一日為十九世紀的終點」。

而這「十九世紀的終點」結束後不過三週，維多利亞女王便去世了。透過這兩個事件，使人們深刻地感受到「英國的世紀」已然終結。

但是問題並非只是在於符合月曆上的日期。維多利亞女王去世的一九〇一年一月，卻是當時在世的英國人陷入記憶中空前的「沈重挫折感」的時期。就是南非的「波爾戰爭」，陷入始料未及的苦戰。

世界超級大國——英國，加上從帝國勢力範圍各地集結而來的五十萬大軍投入南非的一角，已經鏖戰了一年幾個月，卻還是無法打敗僅僅只有三萬五千人規模的波爾軍隊。

此時，許多英國人開始質疑，是不是哪個環節完全弄錯了？且大英帝國向來背負著為世界帶來文明與秩序的使命感，在這場「未開化」與「野蠻」對「文明」（也就是英國）的戰爭中，早已引起不僅是歐洲各國，還包括世界各國的質疑與批評。接下來看到英軍節節敗退，各國不但以冷嘲熱諷的態度看待英國，更毫不掩飾地開始同情，甚至援助波爾人。

過去英國標榜著「光榮的孤立」，倚靠強大的國力保持本身清高的立場，後來才知道只是貪求安逸的「恥辱的孤立」。且不僅於此，讓同樣摸索成為世界大國之道的德國人以及有意一雪兩年前「法紹達事件」恥辱的法國人，在這場戰爭中目睹英國出乎意料的衰弱與苦戰，同時初次陷入大規模反英情感的深淵，使得英國人這才領悟到他們陷入了「危險的孤立」。

以上的狀況看在英國精英階層的眼中，將覺得「世界的大英帝國」地位大為動搖。而當英國民眾也都廣泛感受到是不是做錯了什麼時，又適逢維多利亞女王撒手人寰。「時代轉變時」也將對人心帶來劇烈的變化，所以這樣的變化可能在一瞬間也形塑了下個時代的大半樣貌。

世紀末式的帝國主義

在這個時間點，就以「波爾戰爭」最為深深地打擊英國精英的信心、大大削弱他們為帝國統治獻身的熱情。

英國在一八一五年對拿破崙之戰勝利後，併吞了數百年來原屬荷蘭領土的南非「開普殖民地」。但已經本土化的荷蘭殖民者後代（波爾人）由於不願受英國統治而開始集體移民，遷往遙遠的北方，在南非內陸新建「川斯瓦共和國」與「奧蘭治自由邦」兩個屬於他們的國家。

在一八五〇年代，美國加州接連地發現金礦，得知當地有龐大的礦脈存在。美國的發展由於西部「金礦」的吸引發生了人們「盲目衝動」、引發了的巨大人口移動，這股「盲流」成為發展的決定性關鍵，十九世紀對「金」（以及鑽石）的衝動，也在南非掀起相同的歷史衝動。

而且當時正值全世界「帝國主義」口號震天價響的時代。「喀土木的戈登」所引發的慌亂，使後來英國國內蔓延著「為了文明與進步，必須擴大英國統治」的「狂熱」也發生在同一時期。

因此，世紀末的「帝國主義」也有其獨特性格。首先英國花了數百年自然地順應週邊狀況後，才逐漸建構起「大英帝國」這個集合體。可以說「世紀末的帝國主義」與「自然形成的帝國主義」不同，恐怕是充滿世紀末「頹廢氣氛」的「新秩序思考」。也就是說，在「現在開始世界爭奪戰」這場新的大競爭中，可明顯看到「適者生存」以及「需要毫不猶豫的行動」這種氣質。而這種氣質源於放任毫不掩飾的情緒衝動，以及精神上的放蕩。

這種「世紀末的帝國主義」以最醜惡的型態與「對金錢的貪念」結合後，所引起的就如一八九五年的「詹姆森突襲」（Jameson Raid）事件，也就是與塞西爾・羅德斯（Cecil Rhodes）相關的英國人侵入川斯瓦共和國的事件。

由於當時的英國人之中，有一些有如「非洲浪人」般的黑社會集團甚至成立了軍事組織，意圖攻擊波爾人的國家、顛覆其政府，以求將金礦納入英國的勢力範圍，可說是一種古典帝國主義式的陰謀行動。但這樣的行動，三天就被波爾人政府鎮壓，並造成「邪惡而貪婪的大英帝國主義」在世界上臭名遠播的結果。

當時，詩人奧斯卡・王爾德（Oscar Wilde）的同性戀審判尚在進行中，廣受世界矚目。據說一部份舊時代的英國人把王爾德當作「世紀末的放蕩」的例子，認為新帝國主義與同性戀的蔓延似乎有某些相同的根源。同時，也決定了四年後，大英帝國正式向波爾人宣戰的「波爾戰爭」的性格。

也就是說，將失敗的「詹姆森突襲」以更大規模的國家立場，並且以一些正當性進行包裝後，就成為「波爾戰爭」，以「較宏觀的眼光」來觀察整個情勢的人們就能明白。

但是，對許多英國本國人而言，一開始並不太能接受波爾戰爭這樣的性質。不過，前一年（一八九八年）為「喀土木的戈登」復仇成功（恩圖曼戰爭）的狂熱，以及在全國各地舉行慶祝「維多利亞女王在位六十週年」的壯麗遊行，這種渴求「帝國光榮」的聲音驅使了英國人參戰。

另外，也並非沒有「為了文明與進步」這個理由。具體而言就是「制止波爾人對非洲黑人殘酷的種族歧視」。

年輕的邱吉爾在這場戰爭中擔任《Morning Post》日報的從軍特派員，被波爾軍擄走成為俘虜，卻自行逃脫的冒險故事，對於當時閱讀日報的習慣剛開始普及的英國民眾而言，邱吉爾的故事充滿驚悚與緊張，是戰爭新聞的絕佳題材，使邱吉爾成為當時的國民英雄，也成了他從政的契機，但在開戰前，對未來失去希望而鬱鬱寡歡的日子裡，在開戰迫在眉睫時的報導卻是如此：

「遲早，為了我們帝國的安全與榮譽，以及我們民族的福祉，與波爾人的這場正義之戰無可避免。」

在此也充分表現出混合了對川斯瓦的「金礦」與「領土」，以及為提昇人類文明的「正義」而衝動，是極具盎格魯．撒克遜民族風格的戰爭心理。

而對踏入政界的邱吉爾而言，可說是掌握了飛黃騰達的機會。半世紀之後，「溫斯頓．邱吉爾」的名字，為大英帝國添上了不可或缺的一道色彩。

重大挫折的預兆

一八九九年十月開戰時，英國立刻由布勒上將（Sir Redvers Buller）率領三個師，八萬大軍前往非洲的偏遠角落。兵力比當年由威靈頓將軍領軍打敗拿破崙的「滑鐵盧戰爭」還要多出一倍以上。但這場與波爾人的戰爭，與十九世紀以來英國所打過的「滑鐵盧戰爭」、「克里米亞戰爭」，以及「恩圖曼戰爭」從根本上大不相同。簡單來說，這場戰爭預告了即將到來的時代。

波爾戰爭是一場典型二十世紀式的慘烈游擊戰。開戰以來，波爾軍的勇敢反擊與埋伏突襲，使不斷遭受「意料之外大敗」的英國本國，舉國上下經歷了如喪考妣的「黑暗時期」（Black weeks）。號稱英國陸軍第一猛將的布勒遭到撤換，改以近四十年前的印度土兵兵變（Sepoy Mutiny）以來，在帝國多場邊境戰爭中攻無不克，在阿富汗戰爭中大獲全勝而獲得「坎達哈的羅伯茨」，並晉升貴族階級，但年已古稀的羅伯茨元帥（Lord Frederick Roberts）來指揮不斷增強的英國大軍，使波爾戰爭成為「帝國傾盡全力」的一戰。但實際的指揮官是四十九歲的年輕參謀長基奇納（Lord Kitchener）。

因為羅伯茨是「十九世紀的戰士」，而波爾戰爭卻是一場二十世紀的戰爭。因此需要其他人來指揮，才能夠應對這二十世紀型態的慘烈游擊戰，以及對付以巨大組織進行「機械戰」的總動員體制。而適合指揮這場新型態戰爭的人選非基奇納莫屬。基奇納就在前一年，在大規模的補給體制之下遠征蘇丹，報了「戈登之仇」，成為使英國人大為振奮的「恩圖曼戰役」(Battle of Omdurman)的靈魂人物，也是後來又在第一次世界大戰中，打破英國傳統引進徵兵制，而創設「巨大陸軍」（Mass army），建立「舉國參戰」體制的人物。

基奇納重視組織化的集中配備，以及有系統的補給體系，不惜以強大火力造成損害，總是意圖以正面突破，可以說是與布勒和羅伯茨的時代完全不同，屬於世界大戰型的新型態軍人。但往後將走向如「索姆河戰役」與「巴謝戴爾大規模陣亡」〔編註：Passchendaele，位於比利時境內，又稱第三次伊普爾戰役，協約國至少有三十二萬名軍人傷亡，德軍有二十六萬〕等，使第一次世界大戰英國陸軍受到毀滅性損害的戰略思想。而當時擔任基奇納陣中副參謀長，指揮英軍攻入波爾人首都普勒托利亞的是伊安．漢密爾頓（Lord Ian Hamilton）少將，他同時也是與索姆河戰役同屬第一次世界大戰最大悲劇的「加里波利之戰」的責任者。

實際上，波爾戰爭告知了二十世紀會是什麼樣的時代，同時也預告英國在第一次世界大戰以後將經歷的「重大挫折」樣貌的事件。

基奇納與漢密爾頓的組合，無疑是告知了二十世紀的來到，以及威靈頓、羅伯茨、戈登或沃爾斯利等十九世紀式的少數古典陸軍英雄在戰場上活躍的時代已經告終。而基奇納與漢密爾頓用以對抗波爾人游擊戰的新戰術，成為最為先行掌握「二十世紀」本質的戰爭。也就是為了切斷波爾民眾對游擊戰的援助，將包括女性與兒童在內的農村居民，強制收容於在一定面積土地內設置一處的「集中營」（Concentration camp）之中。

一九三〇年代，當時有點年紀的英國人若聽到納粹德國收容猶太人的處所也稱為「集中營」（Concentration camp），湧現心頭的是「波爾戰爭」，甚至覺得是希特勒對英國的「反諷」。無論如何，在這點上，波爾戰爭竟與納粹的屠殺猶太人（Holocaust），以及一九六〇年代越戰時美軍的「戰略村」對越共游擊戰的政策如出一轍，可說是妥為掌握了「悲慘的二十世紀」的先機。

這樣的狀況自然使得具有英國精英真摯特質的人們心中，產生了劇烈的幻滅與反彈。同時對「帝國的理想」大為存疑。著名歷史學者葛德溫・史密斯（Goldwin Smith），與後來擔任駐美大使的詹姆士・布萊斯（James Bryce）曾如此形容：

「這場戰爭除了張伯倫和塞西爾・羅德斯以外，對任何人而言都是不必要的。況且因為這場戰爭，使得英國遭到世界排斥。我堅信英國在（百年戰爭中）燒死聖女貞德之後，不曾再犯過這種道德上的錯誤。」

同時，這場戰爭所導致的強烈幻滅與疑問，也從「無論好壞，都是我們的祖國」這種單純的愛國主義，強烈地引發了如同放任自己身處世紀末感覺主義的「守護偉大的帝國」這種「對外強硬主義」或「為種族平等而戰」等各種好戰論。而兩者也引發了激烈的爭論，使國家分裂成兩派，甚至使得部份精英階層為此與友人、家人或師徒之間反目成仇，成為展現「良心對決」的問題，在許多英國人心中留下傷痕。

這樣的分歧後來導致了自由黨的大分裂，甚至造成了自由黨史無前例的崩潰以及工黨的興盛這個二十世紀英國政治史上大規模輪替的原因。而且從知識份子之中產生深刻犬儒主義的狀況看來，波爾戰爭似乎就像後來西班牙內戰與蘇伊士戰爭的先驅一般，率先預告了二十世紀的來臨。

此時以「異邦人」身份，對英國（英格蘭）人良心的深沈動搖冷眼旁觀的威爾斯人，大膽主張「親波爾」的立場，並將這場爭論用來累積自己政治聲望的，是勞合．喬治（Lloyd George）。雖然勞合與邱吉爾在這場戰爭中站在互相對立的兩端，但都利用這場戰爭，機關算盡地操作輿論，以及以新型態向大眾展示自己，而坐上權力寶座這一點，成為二十世紀的代表性人物。「波爾戰爭」將這樣的人推上英國政治舞台這一點，可說有如「二十世紀的入口」。

但除了他們以外，許多英國精英都認為「波爾戰爭」是一個不堪回首的痛苦記憶。無論當時選擇的是「親波爾」或是「對外強硬主義」立場，在戰爭結束後，英國的知識精英已經無法回到戰前那種「純真」與「自我滿足」。

五萬名的死傷者（波爾軍人僅有四千人左右陣亡，但強制收容所的波爾婦女或兒童死傷人數多達二萬人左右），以及付出兩億三千萬英鎊的戰爭費用（一九〇〇年英國國民所得為十七億五千萬英鎊），並鏖戰三年之久後，一九〇二年五月「波爾戰爭」終於結束。對英國而言，在精神上、道德上，都象徵了「維多利亞時代」的真正結束。

對帝國主義的幻滅

大英帝國的漫長歷史中，經歷了許多戰爭，卻可以發現一個奇妙的悖論。例如拿破崙戰爭或兩次世界大戰等攸關國家命運的大戰，英國當然從未失敗過。不只如此，這些戰爭都有國民的堅定支持與大致的共識存在，第一次世界大戰除了部份例外狀況，在戰後並未出現國民廣泛地對戰爭幻滅的情形。

相對的，對往後帝國走向與民心向背具有決定性影響的，多是小規模的「邊境戰爭」。這些戰爭的共同點在於，都是導致英國陷入危險的國際孤立狀態，同時引發國內嚴重分裂的「苦澀戰爭」（Bitter war）。

這個狀況顯示了出世界大國真正的罩門之所在。

對英國而言，典型的「苦澀戰爭」除了「波爾戰爭」以外，還有十八世紀的「美國獨立戰爭」與二十世紀的「蘇伊士戰爭」。「美國獨立戰爭」中，新興的大英帝國對殖民地的叛亂鎮壓失敗，在歐洲列強的包圍下，不但失去大西洋的制海權，甚至本國安全都受到威脅，同時國內也出現許多「親美派」，導致國內輿論呈現尖銳對立。結果造成戰後幾乎可稱為一種「革命」的政治意識變化（反政府運動與議會改革的提議）。而一九五六年的「蘇伊士戰爭」雖然為恢復運河的控制權而出兵埃及，但受到美蘇兩大國一致的強烈反對而遭世界孤立，導致國內的嚴重爭論，結果證明了大英帝國的「真正結束」。

而「波爾戰爭」與另外兩場戰爭又有所不同。第一，這場戰爭無論內容如何，至少是險勝。而戰後對於國家走向也並未產生決定性的變化。但在某方面而言，波爾戰爭對英國人「心理上的影響」比其他戰爭都來得大。因此對戰後英國所留下的陰影也比其他戰爭更大。

歷史學家 A. J. P. 泰勒（Alan John Percivale Taylor）認為就波爾戰爭的結果來看，英國人對「帝國的信念」蒙上陰影，精神上權威喪失殆盡的意義，遠比使波爾人失去獨立地位要大得多（A. J. P. Taylor, Essays in English History, Penguin, 1976, p.182）。

尤其在戰爭之中，英國多數精英拋棄了他們向來對英國傳統國力的意義所抱持健全的懷疑態度，而投入戰爭的狂躁之中，或許是「帝國主義」這種「世紀末的頹廢」所造成。當他們戰後能夠冷靜回想時，必定能夠感受到在幻滅的情感中，含有對帝國統治正當性以及對英國本身道義立場信仰的動搖，這也是當然的結果。

自古以來世界大國的衰退，大多先從幾場邊境小規模戰爭的失敗開始，使得人們對自己的理念開始出現疑問或動搖，具有良心的精英之間，感受到自己的道義出現缺陷，因而造成「氣力喪失」與「活力衰頹」，接著便帶來統治慾望以及統治不可或缺的精神活力開始減退。

世界大國絕不會因為大規模戰爭而滅亡。

而「波爾戰爭」正好與維多利亞女王治世終結的象徵同時發生，而加深了時代更迭所造成國民在精神上、道德上活力的衰退。

在「維多利亞時代」之後到來的是以國王（愛德華七世）之名所稱呼的「愛德華時代」（Edwardian）。與穩重而嚴謹，並且自信滿滿地「維多利亞時代」正好相反，人們形容這是一個輕薄、不負責任而空虛，喧囂而重視享樂的時代。這樣的差距正好是一絲不苟的寡婦維多利亞，和她放蕩不羈的兒子愛德華的對比。

但在此要強調的是正好發生在兩代治世分界點上的「波爾戰爭」所帶來全國規模的「心靈創傷」與自我確信的喪失。充分反映出維持帝國統治的精英們精神活力衰退狀況的，是戰後的「世代交替」。近代國家在君主治世改朝換代時，經常偶然地伴隨了決定性的「世代交替」。

維多利亞去世隔年，首相索爾茲伯里也在卸任一年後辭世。生於一八三〇年的索爾茲伯里大約比女王小了十歲多，但在維多利亞治世後半，連續擔任首相長達十三年，僅次於十九世紀初的利物浦首相（甚至到二十一世紀的今天，還沒有人打破他的紀錄）。但維多利亞女王與索爾茲伯里作為「女王與首相」，組成一個「嚴謹、穩固，毫不懈怠」風格的絕妙組合，攜手建立大英帝國「堅若磐石」的形象。也令人想起三百年前「無敵艦隊」來襲時，聯手建立帝國基石的伊莉莎白一世與首相威廉・塞西爾之間的關係（參照第二章），果然如此，因為索爾茲伯里就是塞西爾首相的直系子孫。

如此長遠的血緣關係，以及只能說是巧合的歷史重現，但也象徵了包括帝國的舵手在內，英國這個帝國的核心在這三百年之間，本質上完全沒有改變。

但到了此時，已經無法阻擋這「三百年」永遠的結束。

令人驚訝的是，在索爾茲伯里之後領導大英帝國的首相，是與他有血緣關係的侄子亞瑟・貝爾福（Arthur Balfour），即便有血統上的連續性，但貝爾福所具有的領導者氣質，卻與過去有很大的「區隔」。儘管貝爾福在知識方面也非常優秀，但總予人輕薄而空泛的印象，「守護帝國」的氣魄與信念已經有所動搖的貝爾福，明顯與叔父和塞西爾家族的祖先屬於不同時代。後來如「三頭馬車外交」的例子，在英國外交史上留下污名的「貝爾福宣言」的精神背景，正忠實呈現著帝國道義的世代交替。

當我們問及大英帝國統治的本質時，一位老政治家立刻回答：「本質不在於制度，徹頭徹尾都在於人」。因此某個決定性的「換人」，就使得帝國「開始走向終結」。

而隨著動搖的貝爾福一起走向終結的，就是勞合・喬治和溫斯頓・邱吉爾。這三人的組合宣告了二十世紀的到來。在這一點上，「波爾戰爭」也象徵了「過往美好時代」的結束。

第七章

走向美國世紀

「剛結束的世紀是英國的世紀，而剛要展開的世紀是你們的世紀。」

——喬治・巴克爾

挑戰英國的「門羅宣言」

國父孫文先生一九〇五年滯留於倫敦時，聽到日本海海戰的消息後的感想如下：

「這個消息傳到歐洲，歐洲全部人民為之悲憂，如喪考妣。英國雖然是和日本同盟，而英國人士一聽到了這個消息，大多數也都是搖首皺眉，以為日本得了這個大勝利，終非白人之福。這正是英國話所說『Blood is thicker than wate』（血濃於水）的觀念。」〔譯註：據《大亞洲主義——對神戶商業會議所等五團體講演詞》（十一月二十八日下午三時在神戶高等女學校），載《孫文先生由上海過日本之言論》，廣州、民智書局，一九二五年三月發行〕

在此之前，十八世紀中葉的英國哲學家大衛・休謨得知好友愛德華・吉朋欲以法文撰寫《羅馬帝國衰亡史》，便如此力勸他以英語撰寫：「的確，當今法文的流通性較高。但總有一天英文將建立起更為穩固的優勢，且將長久維持。因為我們正在美洲大陸建立堅實的基礎。」（John Kenyon, The History Men, 1983, pp,51-52）

以上所指的是休謨提出忠告前四年的一七六三年，英國正因「七年戰爭」的勝利，驅逐法國在北美大陸的勢力，首次跨越大西洋，建立盎格魯・撒克遜帝國基礎這個史實。語言和文化，種族與文明，與國際政治的權力鬥爭密切相關，卻不是國際政治和歷史動向的全部。

的確如休謨所預測，七年戰爭中的「魁北克勝利」使北美大陸落入英國手中，奠定擴大盎格魯・撒克遜文明的基礎。或許可說是「歷史的反諷」，不到二十年，就因為「美國獨立戰爭」而切斷北美與英國間的關聯，使許多英國人有「幻滅」之感。

新誕生的「美利堅合眾國」不但強調「壓迫者英國」的反英情感，並且以世界無人能出其右的激進式民主主義意識形態，以及深植於民族性格深處的強烈「自我主張」，而成為英國人長年以來「無法諒解」的對象，且一直無法信任。

從獨立戰爭以來，英美關係維持了約一個世紀的摩擦與對立，且充滿了難以消弭的不信任。

十九世紀不列顛治世巔峰期一位代表性的外交官史特拉福・坎寧（Stratford Canning）在一八二〇年代曾任駐美公使，而到華盛頓任職。當時經常為主要交涉對象，即美國國務卿約翰・昆西・亞當斯（John Quincy Adams）的「怪癖」所苦。他是美國第二任總統約翰・亞當斯的長子，是個溫文儒雅的歐洲通。但坎寧在與亞當斯的對話中，亞當斯卻常常開著門不關，突然大聲咆哮，或是嚴詞批判英國。後來才得知當時美國國務部向部屬和周圍的人要求，對英國的態度越是強硬，才越能展現自己身為美國人的「國民義務」。若不向周圍的人們充分表現「反英」情感，便無法維持自己在美國政壇的地位。（Beckles Willson, Friendly Relations: A Narrative of Britain's Ministers and Ambassadors to America 1791-1930, New York, 1934, pp. 115-17）

一八二〇年代，中南美洲的西班牙殖民地也開始醞釀獨立時，法國等歐洲列強又試圖介入。但英國與美國不希望歐洲列強介入西半球局勢的想法卻不謀而合。因此英國原本有意與美國發表「不允許歐洲介入美洲大陸」的共同聲明。但美國不願與英國共同行動，於是就跳過英國，單獨向世界發佈同一主旨的「一大宣言」，即著名的「門羅宣言」。

當時，與歐洲各主要國家相較仍屬小國，開發尚未完全的美國做出「門羅宣言」這樣的行動，備受各國矚目。這種一國主義與自我正當化的傾向，可說是「英華早發」。未來建立大帝國的野心，以及信奉人類普世價值的「超大國美國的本能」很早便頭角崢嶸。

但美國內心所盤算的一點特別重要。英國發現美國意圖趁機併吞古巴，因此想要攜手發表共同聲明，但美國敏銳地發現英國的企圖，因此跳過英國，以略為「自我膨脹」的自負與反英情感，結合高貴的理想主義，反過來將英國踢出，這是美國外交的「巧妙計算」。雖然看似幼稚的自我中心與理想主義性格，卻矛盾地具有敏銳的感覺與複雜的「算計」能力，這就是美國這個國家一開始便具有的本質。忘卻這個本質的國家，接二連三地成為歷史上的「失敗者」，而第一個失敗者就是英國。

美國外交上的膨脹傾向與原初的理想主義，務實地追求國家利益與高潔的自我主張，卻以獨特的方式結合在一起。這些部份對於作為世界霸權的英國，尤其是英國的貴族政治家而言特別難以理解，不斷地造成英國很大的反感。

巴麥尊首相的擔憂

英國精英的「反美情感」在加拿大國境問題、巴拿馬運河構想，以及英國海軍的戰時封鎖權等問題上，在「門羅宣言」後逐漸減弱。而美國人覺得雖然無法正面抵抗英國的霸權，但仍無法放下一貫的「反英」情感。到了一八二三年，湯瑪斯・傑佛遜則提出了與英國「無可避免的協調」論調如下：

「大英帝國是世界上最容易對我國構成威脅的國家。因此若與英國合作，在世界上便沒有其他威脅。」

在十九世紀末擔任參議院議員，熱切地主張美國「邁向世界大國之道」的亨利・卡伯特・洛奇（Henry Cabot Lodge），到了一八九〇年，對於美國的經濟蕭條與社會混亂，仍然主張是「英國惹的禍」，顯現出激烈的「反英情感」。即便如此，他也必定加上一句：「話雖如此，雖然只是一艘大英戰艦，仍能把紐約夷為平地，或是擄走人質來威脅我們。」他依然承認與英國在實力上的天壤之別。

儘管他如此冷靜地認識雙方的實力差異，但是另一方面，他認為如果美國有不輕易屈服於英國壓力的對抗意識，這將是美國成為大國的一大原動力。

因此，處於「不列顛治世」巔峰時期的英國領導者們，對美國有意躋身大國的企圖始終抱持警戒，早期也有些人物認為必須打壓美國。其中之一是一八三〇年起擔任外交大臣，一八六五年在首相任內去世，在巔峰期的英國擔任領導人物達三十年的巴麥尊（「巴麥尊」是他成為貴族後所賜與的爵位，本名亨利．約翰．坦普爾，為第三章所述威廉．坦普爾的子孫）。在一八五八年，巴麥尊已經斷言，在世界上會對英國的地位構成威脅的國家有法國、俄國與美國三國。而其中最危險的是美國。

一七八三年，也就是巴麥尊出生前一年，英國在屈辱的敗戰之下被迫接受美國獨立的事實，一八一二年，巴麥尊擔任進入政界的第一個要職，就是官拜軍需大臣，擔起在英美戰爭之中負責補給的重任。

而三十年後的一八四一年，巴麥尊擔任外交大臣，與俄羅斯、法國、中國以及美國分別發生紛爭，而且分別與這幾個國家發生實際交戰，或是面臨戰爭一觸即發的危機。

但英國藉由當時極為強盛的國力與威信，同時克服了這些危機。也是象徵「不列顛治世」達到頂峰的外交事件。

當年在巴麥尊領導下的英國外交，為了鄂圖曼土耳其帝國與埃及問題，險些與俄、法兩國開戰（第二次東方危機），以戰爭威脅法俄雙方使其屈服。同年又發生「鴉片戰爭」實際與中國交戰，並迫使割讓香港（一八四二年締結南京條約）。在此同時，因加拿大國境問題而引發的英美紛爭「麥克勞德事件」中，巴麥尊干涉了美國的國內法院審判，如果對加拿大人（也是英國臣民）判刑，以「將會迅速確實地對美開戰」對美國施加威嚇與壓制。讓一度譁然的美國輿論沉默下來，成功地讓美國在羞辱中屈服。

當英國在歐洲與中東正與俄法兩國達到一觸即發的對峙狀態時，同時也在中國打「鴉片戰爭」，加上為了與加拿大的漫長國境，威脅美國使其屈服這些事件，令人感受到如日中天的「不列顛治世」之下英國國威的強大。而特別值得一提的是美國那充滿頑強國家主義的議會與輿論，卻屈辱地承受了英國的威脅。

但對巴麥尊而言，光是使美國「屈服」並不足夠。因為巴麥尊最擔心的是美國將來成為世界大國，正面挑戰英國的潛力。為了根本剷除這種可能，必須採用這種重挫美國銳氣的「解決」方式。

接著在二十年後，巴麥尊在首相生涯尾聲有了這樣的機會。就是一八六一年爆發的美國南北戰爭。巴麥尊認為英國若支持南方，美國將永遠一分為二甚至分崩離析，也就是「斬草除根」的機會來了。

但當時英國國內的輿論，卻不是「提防挑戰英國霸權的美國這個潛在威脅」，英國雖然比美國晚了一個世代，卻支持廢除黑奴這個人道目標的北方，因此暗中反對因貴族觀點支持南方的英國政府介入。

但導致英國猶豫的真正原因，在於美國迅速組織了歐洲世界難以想像的龐大陸軍兵力，以全面戰爭的形式開打，北方（Union）展現了驚人的物資和動員力量。

大約在南北戰爭結束時，巴麥尊在首相任內去世。在當時世界的勢力結構中，除了英國，沒有其他國家真正有能力干涉美國。英國巴麥尊首相以此自覺，認真思考必須處理美國的「潛在威脅」，最後不得不加以介入。但這也象徵了在美洲大陸，已經沒有其他國家能阻止美國邁向大國之路。接下來的問題只是美國是否繼續向外擴張而已。

「盎格魯・薩克遜」的幻想

南北戰爭結束後，美國回歸國內重建與經濟發展的道路。此後三十年間，美國的人口增加與經濟成長有目共睹，主要工業生產與貿易總額皆呈倍數成長，造就史無前例的榮景。但直到此時（一八九〇年代），美國尚未有挑戰英國霸權的姿態。

同一時期，雖沒有美國這樣的急速成長，但在俾斯麥統治下統一的德國，在歐洲大陸迅速走上大國的道路。但德國東西兩側分別被宿敵俄羅斯與法國包圍而對峙著。但從加勒比海到南美大陸，以及太平洋等發展空間可說近於無限的美國，在沒有真正具有意願與能力加以阻擋的勢力下，注定了成為「下一個超大國」的命運。

因此，美國興起的核心問題，與其說是「為何美國成為超級大國」，不如說在於「為何英國之後，不再對抗美國的擴張」。

而美國終於在大英帝國明顯出現「衰退」徵兆的一八九〇年代中期，突然展露出企圖成為世界大國的志向。

一八九〇年，美國海軍的實力還不及包括智利在內的世界海軍十二強。但僅在十年之內就攀升為世界海軍第三位的強國。且此後美國刻意朝向政治、軍事大國的方向選擇，或以美國式的說法而言，源自「國家策略」的明朗化。

一八九〇年代初期，出現兩部著作決定了美國的路線。一部是歷史家特納（Frederick Jackson Turner）的《美國史上邊界的重要性》，另一部則是馬漢（Alfred Thayer Mahan）《海權對歷史的影響》。前者主張若要消滅美洲大陸上的邊界，使美國人的活力與美國的國力能持續發展，必須在政治、經濟雙方都朝向海外發展；後者則力陳以海軍實力做為世界大國往海外發展方式的重要性。

而這兩本著作，決定了二十世紀成為「美國世紀」的命運。

早在一九〇二年，國務卿海約翰（John Milton Hay）曾表示：「世界金融與權力中心花了數千年的歲月，才由幼發拉底河畔轉移到泰晤士河畔，現在卻好像只花了一天的光景，就移到哈德遜河畔了」。而財政部長雷斯利・蕭爾（Leslie Mortimer Shaw）更提到：

「現在美國守護著整個西半球的安全，有了太平洋所有國家和島嶼，美國的財富與力量，加上夏威夷、菲律賓群島，以及未來必定實現的巴拿馬運河連通所構成的海上力量，將很快地將太平洋的統治權由米字旗下移轉到星條旗下。」

而倫敦《泰晤士報》的總編輯喬治・巴克爾在一九〇一年，對美國記者的訪問表示：「剛結束的世紀是英國的世紀，而剛要展開的世紀是你們的世紀。」

為何在這麼短的時間內，英國人便開始承認美國「走向霸權」的事實呢？這對大英帝國往後的發展又有什麼意義呢？

一八九五年，南美委內瑞拉與英屬蓋亞那產生國境紛爭時，美國以「門羅宣言」的主張強迫英國承認他們的強制仲裁權。而仍帶著「不列顛治世」驕傲的索爾茲伯里則以「不承認門羅宣言」為由反擊。到此時為止，許多次英國人都以一種古老的「約翰牛」這種負面形象輕蔑對待「Yankes」（美國人），而無視他們的要求。

對此，當時美國總統克里夫蘭（Stephen Cleveland）將咨文送到議會，表明不惜對英宣戰，美英戰爭一觸即發。而當時人在歐洲觀察的列寧，曾認為「美英戰爭無可避免」，不過列寧的預言並未實現。

但若沒有另一項因素，恐怕列寧的預言就要成真了。這個主因在於「德國」。一八九五年，在英美對峙的危機當中，南非又發生英國與波爾人紛爭（即「詹姆森突襲」，參照第六章）時，德國皇帝（Kaiser）威廉二世寄給波爾人一份毫不掩飾的敵視英國電報，使倫敦方面舉國譁然，英國也首次感到德國的威脅。威廉二世對塞西爾．羅德斯等人所策劃的陰謀「詹姆森突襲」的失敗表示「可喜可賀」，同時表明德國對波爾人的支持。這個事件對英國人而言無論應該是「美國的威脅」或是「德國的威脅」，被迫做出戲劇性選擇的時刻終將到來這件事，深深烙印在許多英國人腦海中。

事已至此，索爾茲伯里終於決定接受「門羅宣言」這個奇特的，若是過去的英國精英恐怕無法忍受的「美國佬」式「原則」。索爾茲伯里表示：「無論如何，如今不能背負著對美開戰的危險性」，做出這樣冷靜的判斷。而這與「民主主義」理念或是親美情感無關，完全是基於「國力」與「國家利益」的考量。索爾茲伯里的侄子，也是當時內閣第二號人物的亞瑟．貝爾福在此危機當中，曾發表過一段著名演說如下：

「我一想到對美戰爭，就感覺到有如一場內戰般的異樣厭惡。我們應該確立一個同樣說英語的各國之間，不該兵戎相見的原則。」

的確，此後德國發展成漸漸帶給英國威脅的角色。但這場演說也許是時間點的關係，以比喻成「內戰」的方式展現對美極端讓步的低姿態，許多部分意味了對美國的擴張給予放行。

這種「不是全有，就是全無」（All or nothing）的笨拙作法，不是英國外交的常態。當時英國精英對「盎格魯．撒克遜」這個「血緣關係」的過份重視給其幻想蒙上了一大陰影。

實際上在此之後，世紀末不過數年光景，英國便決定將原本標榜「英美共同建設」的巴拿馬地峽（美國人原本有意開通運河）建設完全交給美國（一九〇一年，海．波恩斯福特條約「The Hay-Pauncefote Treaty」）。關於阿拉斯加國境問題，也強力打壓身為英國臣民的加拿大人的要求，而對美國做出大幅讓步，到了美西戰爭時，也轉向樂意「承認」美國統治古巴與領有菲律賓的方向發展。而到一九〇七年為止，英國勢力還控制住整個加勒比海，直逼美國東岸，但當年英軍自加拿大新斯科細亞州（Nova Scotia）的哈利法克斯（Halifax）軍港全面撤退。實際上，可說是意味著英國將加拿大交給美國做「人質」，表明在戰略上全面放棄美洲。

從巴麥尊到貝爾福不過三十年的時間，英國對美國的態度卻發生了這樣決定性的變化。為何如此匆忙，而且史無前例地開始對美讓步？答案恐怕仍在於「德國威脅」的概念之上。

整個二十世紀到現在為止的歷史學上，大多不斷稱讚為對抗德國威脅，而對美國全面讓步這個「大英帝國決斷」的明快，以及將德國作為主要敵人這個對策的正確。的確，在此可以看到這個「英國式政策」（對直接威脅的美國採取睿智的求和策略）的明智之處。但因為過於「急促」，而衝擊了世界現狀與穩定的秩序構造，導致整體巨大衝擊與國際情勢的流動，結果使得英國外交因本身的行動，反而誘發本身所無法控制的國際政治秩序變動。在此需特別強調此點。

實際上，此後的英國將德國視為「主要敵人」，將散佈在世界各地的軍事力量撤離原地而集中到歐洲，又對法國和俄國大幅讓步，與他們進入協商關係，逐漸建立「對德包圍網」。

但結果造成英國與試圖突破包圍網的德國之間陷入了不斷製造危機的惡性循環。一九〇五年的丹吉爾事件（第一次摩洛哥事件）與一九一一年的阿加迪爾事件（第二次摩洛哥事件）等等，成為第一次世界大戰的導火線，也是德國和英法之間數度對峙的代表性例子。當然，德國皇帝（威廉二世）的作法粗野而具有挑釁意味，德國的擴張傾向也是不容忽視的。

但高估了「德國的威脅」，很早便否定與德國共存的可能性，只求「抑制」與「封鎖」德國的作法，也是「不列顛治世」的特徵之一，大大脫離了過去身段的柔軟，以及對威脅儘可能加以「處理」這個在好的方面上的「媾和傳統」（關於「求和傳統」可參照Paul Kennedy, "The Tradition of Appeasement in British foreign policy", British Journal of International Studies, vol.2, pp.195-215）。英國可說仍然固執地死守著將歐洲權力平衡作為至上命題的「古老作法」，結果導致了第一次世界大戰，也造成英國自掘墳墓的後果。

如果對德國的讓步能達到對美國讓步幅度的一半，或許可以脫離這個惡性循環。恐怕不得不說是種族主義（盎格魯．撒克遜）導致了這些不幸。

操之過急的對美讓步

在二十世紀，對英國這樣的國家，也就是雖然還不明顯，但已經呈現出「衰退」徵兆的成熟國家而言，可得知發生大戰將會大幅折損帝國的壽命。就如索爾茲伯里常說的口頭禪：「無論發生什麼，太大的變化有損英國的利益。因此我們不得不將慢慢抑制各種變化作為我們的國策。」這對一個已呈現衰退之兆的霸權國家（Hegemony）而言是最適當的選擇。然後，當務之急則是徹底的國力重生與國家基本構造的改革。

但當時英國所選擇的方式卻是反其道而行。逃避國內的改革，反而陷入盲目與他國結盟對付敵人的狀態，在應該追求國力重生之時，卻失去了「靠自己力量站起來」的氣概。這與對美國「操之過急的讓步」似乎有某些關聯。早在一八八〇年代，劍橋大學歷史家約翰・西利（John Seeley）便如此敘述：

「將來俄羅斯和美國的國力，將大幅凌駕於目前所謂的「大國」之上。這就與十六世紀的都市國家佛羅倫斯（翡冷翠）在西歐的民族國家興起下式微相同。當然這使得現今英國站在一個重大抉擇的十字路口。一邊是國家必須執行大規模的構造改革，使國家具備與這些大國中的大國對等的國力；一邊是固守純粹歐洲國家的立場，如今天的西班牙就是這樣鎮日沉浸在過去曾為大國的光榮之中。」（J.R. Seeley, The Expansion of England, 1883, p.350）

對美國過於讓步，導致英國放棄採取西利所建議第一選項的可能性。按照西利的說法，英國若欲具備能與美、俄抗衡的國力，唯有有系統地整合散佈世界各地的殖民地，重新整合大英帝國。但若捨棄美洲與太平洋，不可能重新整合為一個世界大國。結果導致了貝爾福等人「操之過急的對美讓步」，而導致急速地剝奪大英帝國重生機會的結果。

正如索爾茲伯里所預言，第一次世界大戰大幅削弱了英國的國力。

英國的大幅對美讓步，並未使美方投桃報李。如第一次世界大戰中，英國陷入苦戰時，美國威爾遜總統對英國的支援請求始終只是勉強應付。的確，對於德國採用無限潛水艇作戰這個「史無前例的暴行」，雖然最終導致了一九一七年美國參戰，但美國在大戰末期才參戰時，英國已經向美國商借大筆戰爭費用而成為債務國，戰後已無法與美國站在同一立場。

在一九一六年，當時英國財政大臣已如此預言：「明年六月，恐怕美國總統將會成為我們的主人」。果然，隔年，威爾遜總統因為對英債權的急速擴大而表示：「如今我們已經可以隨心所欲控制英國」。由於第一次世界大戰和先前的對美讓步，使英國靠著「自立」成為二十世紀超大國的可能性大幅喪失。

「過度」與「脫軌」所導致的狀況

以上我們看到的是一個大國衰退的要件。

感受到衰退徵兆的大國，承認迎頭趕上的後起之秀，並且讓步與妥協，某種程度上是一種明智之舉。但是必須作到「恰到好處」（Only just enough）。這種掏空本身重生可能性的急速且大幅度的讓步，將導致使大國失去自律性的「依存」。故無論對於任何國家都必須慎重以對。

在英國外交的漫長傳統之中，應該早已充分累積了解這些重要性的「智慧」才是。但從世紀末到第一次世界大戰時英國的選擇，尤其是對美關係的經營，只能說是近乎「喪失自我」的一種「放縱」，也浮現出一種自欺欺人的「樂觀主義」。為何這樣的英國會出現不尋常的「脫離」常軌呢？過度的種族觀點是原因之一，但另有許多其他因素。

人逃避問題的本質，設法尋求其他解決方式時，總是會盲目地採用曾經成功過，且自己也習慣的「舊方法」，試圖回歸早已風雲變色的世界。而所謂「舊方法」，就是在帝國興盛期曾經成功地保障了英國安全與繁榮的古典式「權力平衡」方式。

促使英國大幅對美讓步與為「包圍德國」而「集中火力」在歐洲的動力，在於英國不希望由單一國家掌握整個歐洲大陸霸權，因而加以包圍與抑制的「回歸古老本能」所致。也意味著回歸到舊的空間感。當然，接近本身根據地的威脅容易被高估，不過，當時英國所採取的「集中火力於歐洲」戰略的極端反映，則是過於杞人憂天。

英國這個帝國即便已具有存在於全球的本質，卻仍將本身的近代生產力所帶來的巨大力量集中於「歐洲」這個非常危險的「封閉空間」的「歐洲中心主義」與「德國主要敵人論」，不得不說，這個目光如豆的選擇導致了大英帝國的失敗。走向第一次世界大戰之路在這點而言，或許可說是肇因於英國對權力平衡的錯誤（過時）執著。

對歐洲空間些微的計算錯誤，也導致了一大悲劇，就是充滿危險的「大巴爾幹半島」。英國在那裡的回歸面對了重大挫折。這是由於英國過度高估單一「威脅」，卻捨棄其他部份的「過度」作法所致。德國與美國挑戰英國的本質，早已超越地緣政治學上的範疇。英國卻忽視這一切，只知回歸「舊方法」，或許可說是世界史上導致第一次世界大戰的重要原因之一。

英國忽視了問題的本質，就是大國力量的泉源在於以財力為中心的經濟與社會「基本活力」這一點。在大英帝國而言，就是西利所提到的大幅「國家改造」這個挑戰。

而當時的英國，也開始大刀闊斧地實施以「國家效率」（National efficiency）為名的改革運動。但不「利用」（總有一天將轉化為「依存」）他人之力，絕不放棄「靠自己的力量站起來」這個作為生存主幹的精神，才是維持「成功」的最大條件。而當時認為只以影響力的「操作」就能維持帝國的英國，所提出的各項主張，以及舊時代的「權力平衡」這種外交操作的嘗試，成為對於問題本質的逃避。也就是以財政基礎的重建已不可能前提之下所執行的這種外交策略，是一種對本身國力根本的「悲觀主義外交」，本質上表現出「軟弱」，再者，這也是一種危險的選擇。

與前述一體兩面的是對他國過度的「戒心」。某種程度上而言，對他國的強烈猜疑是

「第一強國」的宿命，對他國迎頭趕上的憂慮與不安，或許可說是霸權國家的自然反應之一。但此時英國領導者對德國的過度戒心，以及美國的過度傾心都明顯失衡，與其說是他們的戰略思考，不如說是一個終於自覺衰退的大國顯現出濃厚「焦躁」與「狼狽」的樣子。

最後，導致英國外交出現「過度」與「脫軌」的因素，仍然不脫對「種族」與「文明」的情感。雖然這在某種程度上與世紀末歐洲廣為流傳的種族主義，以及奠基於文明論的國際政治觀等潮流密切相關，但對於「盎格魯．撒克遜的一體性」，英國人過於盲目，美國人則沒有那麼在意。

如孫文所言，「種族」與「文明」是成為國際政治主旋律的重大因素，也是古今不變的真理。但誤以為這些將直接影響現實國際政治的錯誤思考，從古到今未曾改變。因為這個錯誤思維而導致的過失比其他任何過錯都要大。而二十世紀前半的英國領導者更是親身證明了這一點。

第八章

改革論的季節

「大國特有的危險，在於無法修正自己所創造出來的偉大制度與價值觀。」

——沃爾特・白芝浩（Walter Bagehot）

戈耳狄俄斯之結

儘管歷史上有許多大國後來走向衰退，但沒有一國是未曾意識到自己的衰退便走向沒落。甚至大多數國家發現衰退的徵兆接踵而來時，便不斷力倡各種「改革」方案，且各方意見經常爭執不下，但最後仍走向日薄西山的處境。

造成衰退的原因大致有三。首先是改變使這個國家長期以來成功的體系，原本就非常困難。

認為「我們就是這樣成功的」這種想法，將大大增加一個國家沉浸在過去的功績中，耽溺於惰性的危險性，加上一個成熟的社會具有複雜多樣的各種構造所組成，既得利益者對改革的反彈自然較大。加上我們很難抹除一群人們以過去的「成功」記憶所培養出來的價值觀與行動模式。

接著是揆諸論及「改革」的各個大國歷史，僅僅是知道需要改革什麼，如何改革就已很困難，也就是尋求改革目標與計畫時的「易錯性」。

從「事後諸葛」的角度看來，「方向錯誤」的改革計畫，或是客觀上方法的錯誤固然屢見不鮮，而且本應集中在一兩項中心課題來改善，卻又加上了太多的「某某改革」計畫，導致分散改革能量，且經常無法讓國民團結一致朝向同一目標，甚至在國內造成許多無謂的社會對立。

第三個則是所謂的「戈耳狄俄斯之結」。

一條繩子打上了很複雜的結，沒有人解得開。有人說只有一個方法解得開。這就像「哥倫布的蛋」一般，大家都沒想到「問題以外」的方法，也就是把這條繩子直接一刀兩斷。

在那個時代要遏止衰退，其實只有大家認為「不可能」的方法才是真正對策。且往後在各方壓力下被迫實行後，才發現比想像中容易得多。但如果週邊狀況已物換星移，也就錯失了抑制「衰退」的機會，這些解決方案將全都無效。這些例子在大國衰退的過程中極為常見。

二十世紀初的英國，不斷強調「政治改革」、「行政改革」、「經濟改革」，甚至「社會改革」、「軍制改革」等等，在各個領域都高喊「改革」之聲。但這些改革的共通之處在於：

①實行改革的困難。

②很難找出應該改革的部份。

③「改革」論立基點的困難。

這三個障礙深深困擾著英國。

讓大英帝國「重振聲威」的重要關鍵時期，一般認為是在一八九〇年到一九一〇年為止的二十年間。

尤其是進入二十世紀的頭幾年，面臨長期不景氣與波爾戰爭的失敗，加上嚴重社會問題的浮現，導致社會各界深刻認識各方面改革的必要性，而使得「改革」論甚囂塵上。尤其是波爾戰爭初期，兵敗如山倒為英國人帶來的衝擊，使「改革之必要」瞬間深植於英國人心中，使大英帝國邁入「改革論的季節」。

《每日電訊報》（Daily Telegraph）更有以下的清楚剖析：

「波爾戰爭使英國人對國家的認識發生重大變化。現在我國對於改革充滿前所未有的真心誠意，竭盡全力且心意堅決，全體國民有目共睹。」

而在一九〇一年底，皇太子（後來的喬治五世）在演講中大聲疾呼「醒醒吧，英國！」（Wake up England!），各大報爭相引用，成為時代的代表標語。而波爾戰爭對英國而言，已不僅僅是一個打擊，在新世紀伊始之時，更使人感受到：英國在下一世紀究竟能否存續的一種近似於危機感的時代氣氛。

試圖改革的三個「自由派」

在一八九〇年代，年僅四十七歲便在格萊斯頓之後擔任首相，隸屬自由黨的政治明星——第五代羅斯伯里伯爵（5th Earl of Rosebery）雖然轉為一位「改革派」的旗手，但世紀末英國的「改革」，已不是如格萊斯頓時代那樣推動傳統的進步自由主義那種奠基於理想的改革。

羅斯伯里掌握了新世紀的世界趨勢而表示：「二十世紀這個時代，將成為無止境地追求領先，傾盡所有知識，進行殘酷國際競爭的時代」。這種對於新世代的危機意識，使各界開始疾呼大英帝國的合理化與效率化，也引發了並非傳統的理想主義，而是基於國家立場的新型態「改革」論。這樣的改革已超越傳統保守黨與自由黨之間的立場藩籬，而是整個國家的範疇，連爭論時的派別稱號都很混亂。

例如屬於格萊斯頓這一派的自由黨最左派，過去被稱為「激進派」，此時卻被冠上「守舊派」（Great conservative）的不堪稱呼；反而是羅斯伯里所率領的跨黨派成員中，屬保守黨年輕政治領袖（例如在關稅改革中）則有自稱「改革派」（Reformer）的趨勢出現。

而對「自由派」的稱呼則更加混亂。

眾所周知，「自由派」的稱呼原本是指二大黨之一的「自由黨」。但到了這個大改革時代，已經不再是指單一政黨。在此一時代，大致有三個「自由派」領導的改革的論述。

首先在一八八〇年代討論是否給予愛爾蘭自治權時，反對黨主席格萊斯頓，強行推動自治法案而從自由黨出走的一群人自稱「自由聯盟」（Liberal Unionist）。對許多英國人而言，「Union」是「大英帝國」的精髓，而精髓在於帝國統治的核心，也就意味著維持對愛爾蘭的統治。

「自由聯盟」此後在一個生於一八三〇年代，出身於伯明罕的企業家約瑟夫．張伯倫的領導下加入保守黨，引領了世紀末英國的「政界重組」風暴。他們一直希望維持國民大眾的生活水準，同時對「促進英國產業活力復甦」的關心至深。在改革論之中提倡先進的放棄自由貿易論，力倡以「關稅改革」為名的保護主義。

但更需注意的是，「自由派」其實卻是一群在時代趨勢下應運而生的「自由帝國主義者」（Liberal imperialist）集團。他們不滿於格萊斯頓式的傳統左翼自由派思想，原屬自由黨卻與部份保守黨人合作，計畫「籌組新黨」。

其特色在於現實眼光與新時代的趨勢，尤其是英國在世界上的立場，也就是因霸權國家被他國迎頭趕上的危機感，以及「帝國復甦」的意念所驅動的年輕世代，成為新的自由主義者，也就是被冠上「新保守」別號的「New Liberal」。

大致而言，「自由帝國主義者」都以娶了羅斯柴爾德家千金為妻，也是賽馬中德比與雅士谷優勝馬主的羅斯伯里，以及後任首相阿斯奎斯（Herbert Henry Asquith），以及第一次世界大戰時的外交部長愛德華・格雷（Edward Grey）男爵等人，生於一八五〇—六〇年代，知識淵博且富有活力的貴族精英為中心。

他們雖為自由黨員，但在處處強調「世界史的趨勢」一詞的世紀末歐洲現實狀況之下，對於因應世界與國家的動態所導致新興列強的迎頭趕上，他們以促使英國國力復甦，和維持大英帝國霸權為首要目標的愛國使命感，引領了新世代大刀闊斧的改革。

不僅在自由黨內，他們的理念也引起了保守黨內許多年輕時代的共鳴。當時保守黨的第一號人物如前述的亞瑟・貝爾福（一八四八年生）等人，早已與同世代的羅斯伯里同調。年輕的邱吉爾（一八七四年生）也在此時離開保守黨，投身到此一陣營。後來在自由黨內成立了「自由聯盟」這個派系。這個「自由帝國主義」派，雖然以擁護「自由貿易」為號召，但較之古典自由主義更強調「國家」觀念，認為在英國所處的國際情勢與新時代的「歷史要求」之下，採取更加重視國家與國力效率的立場。

而第三個「自由派」是以上兩大集團外的「真正自由派」，也就是「守舊派」的自由黨員。他們以傳統的自由主義立場，執著於「個人」重於「國家」，以及「小英國」（Little England）重於帝國的擴大與維持。當然，他們明顯屬於舊世代，在具有「高風亮節」的高貴蘇格蘭騎士甘貝爾・班納曼（Campbell-Bannerman）（一八三六年生）的號召下，極力反對波爾戰爭，力主傳統的自由放任主義（Laisser-faire）教條，堅守反軍國主義、反帝國主義的立場。如前述（第六章），生長於威爾斯鄉間，雖學歷不高，但胸懷大志的勞合・喬治（一八六三年生），在英格蘭精英的圈子裡一向被視為「異邦人」，因此只有這一派能夠容納他。

另外，位於最右派的保守黨之中，也有「守舊派」的存在。他們自負於正統派保守立場，皺著眉頭對「改革熱」的流行冷眼旁觀。堅信「改革是左派做的事，我們插手只會讓整個秩序大亂」的索爾茲伯里（一八三〇年生）和希克斯・畢奇（Hicks Beach）（一八三七年生）是「老人」的典型，總是冷漠地看著「改革狂熱」。而他們離去後的保守黨在「自由貿易」和「保護主義」之間，使整個黨一分為二，在兩派之間搖擺的年輕領導人貝爾福，除了勉強維持黨內團結之外無法有其他作為。

執著於招致衰退的「理念」

當大國衰退時，人們對於在過去漫長的榮景與成功時，維持領導地位的意識形態與價值觀的態度，暫且不論表面如何，至少在實質上通常已開始產生劇烈的變化。

在十九世紀「不列顛治世」的鼎盛時期，長年以來英國人價值觀的主流為個人主義與自由放任主義（Laisser-faire），採取以抑制軍備與「小英國」為特徵的「古典自由主義」。

而人們始終相信著這個意識形態使得英國繁榮，而獲得目前的大國地位。也深信「自由主義」在價值觀上是一個很高尚的理念，同時極具道義。在堅信理念的正確帶來富強這一點上，「理念」與「效率」之間保持最適當的平衡而達到兩全其美。

但在一八七〇年代之後，這樣的「兩全其美」逐漸動搖，特別是他國在經濟上的競爭力與技術開發等逐漸威脅到英國的地位時，更將深感「理念」與「效率」難以兩全。但對於一個曾經是霸權大國的國家而言，很難輕易檢討調整其「理念」。雖具過渡性質，但長期以來，儘管「自由主義」有些缺乏效率，卻是英國難以替代的價值之一，因此反而使英國增強了對「理念」的堅持。

對於一八八〇年代所開始出現的「衰退」論，除了認為「英國並未衰退」的衰退否定論之外，也從應該優先堅持「理念」的角度提出許多反對意見。並認為即使在「效率」上，英國在某些部分受到世界各國的挑戰，只要在那些部分稍加「改良」即可安然度過。這個結論像是將「改良」視為一種儀式。這樣的態度與想法，層次上與清末的中國，認為既然西方的軍事力量優於我們，那麼只要在特定的技術領域加以改革即可的「洋務運動」十分相似。

但此後隨著時間的經過，衰退的事實日漸明顯。到了超過某個極限時——也就是戰爭連戰皆敗等重大事件發生時——使他們終於意識到已不能再固執於「理念」，從各種制度到背後的價值觀，都必須大刀闊斧地改革。因此在「理念」與「效率」的矛盾之上，更明顯地流向「效率」優先的方向。

或許我們可以從中國由於甲午戰爭的敗北而從「洋務運動」轉為「變法自強運動」的例子來比較。「全面改革」的聲浪響徹全國，因波爾戰爭而造成「改革論」的沸騰，表示英國也進入了與中國類似的階段。

如此一來，支持著「不列顛治世」鼎盛時期的古典「自由主義」這個「理念」，明顯地退居守勢。但如此一來，也意味著「大國衰退」的矛盾情結真正襲來。三十年前（一八七三年），倫敦《經濟學人》雜誌的著名評論家沃爾特．白芝浩就如此預言了英國的命運：

「大國特有的危險，在於無法修正自己所創造出來的偉大制度與價值觀。」

當有些人開始高喊「效率重於理念」，準備大刀闊斧勵行改革時，在各個層面卻遇到「這樣一來，英國就不再是英國」的頑強抵抗。然後逐漸明白若不做可能「動搖國本」的「大改造」，無法達成真正的改革。而通常「改革」將會轉換為「革命」。中國從「變法自強」到「辛亥革命」以來十數年的發展過程就是如此。

但富裕而成熟的現代社會英國，卻無法選擇「革命」這條路。

且大國特有的另一危險性，在於像是「歷史的作弄」般，在某個時機，將因為某個意料之外的事件，使國民極為關注國家的改革。且一個對世界上的紛爭與危險無法袖手旁觀的霸權大國，另一大弱點在於因為對外戰爭的打擊，使「改革」變為一種政治語言，最後將遺忘「改革」的本質。

在英國屬於前者於一九〇五年展開的改革成效不惡，有如「三月小陽春」；後者則是第一次世界大戰。戰爭結束時，面對截然不同的景況，卻認為「我們就只有這套制度與價值觀」，走到了「放棄」的地步，而再次轉向「理念」的堅持。

如此在歷史上，「改革的季節」也形同終結。

德國熱與日本熱

那麼，二十世紀初那「決定性的十年」之中，富有活力的英國年輕「改革派」們，究竟主張著什麼樣的具體改革措施，又為何遭遇挫折呢？他們代表的措施之一是以「國家效率運動」（National efficiency）這個以自由帝國派為中心的跨黨派運動；另一個是由張伯倫主導，倡導脫離「自由貿易」的「關稅改革運動」（Tariff reform）

尤其前者是由有「新保守」之稱的羅斯伯里等自由帝國主義領袖為中心，加上雷歐・愛姆利等年輕保守黨員，以及採取穩健社會主義的費邊社（Fabian Society）的韋伯夫婦（Sidney and Beatrice Webb）、劇作家蕭伯納（George Bernard Shaw）、H. G.威爾斯（H. G. Wells），有時也加上哲學家羅素（BertrandRussell），成為一個有許多文化界人士加入的一大思想與政治運動（G.R. Searle, The Quest for National Efficiency 1899-1914, Oxford, pp.233）。他們強烈地提倡如西利所提倡散佈於世界的「大英帝國緊密整合」，而在政治、行政、經濟、教育、福利、軍事上等廣泛的「英國重生計畫」的實現，而引領改革風潮。

羅斯伯里在一九〇二年三月曾如此敘述「英國重生計畫」的中心思想：

> 「效率（efficiency）是指為了我帝國之重生，國民所追求在各方面的提升。也就是議會、行政、經濟、教育、福利、道德、海軍甚至陸軍等各個方面，都必須追求效率。因此我們必須培育有價值的素材（也就是人），投入帝國的重生。」（B. Semmel,Imperialism and Social Reform, London, 1960, chap.3）

自由主義的卓越智囊之一，後來創設「地緣政治學」這個國際政治學領域之一的麥金德（Halford Mackinder）便如此一語道破：「國家真正的力量，在於該國的勞工、思想家、官兵以及母親。」

強調「效率」的運動牽涉層面甚廣，尤其重視「人力資源」，是因為當時英國教育水準低落，加上社會秩序散漫，家庭功能不彰等令人憂心，也將對經濟競爭力與官兵素質的維持構成一大阻礙，也是導致霸權動搖的問題。而導致英國精英出現這種看法的原因，在於德國帶來的強迫觀念。

簡而言之，「國家效率運動」源自為與他國——尤其是德國——競爭，因此必須徹底剷除英國落伍的制度與觀念，以及社會習俗，重新組織整個英國社會，以達到足以與德國抗衡的程度。

在「德國熱」的餘波蕩漾之下，日俄戰爭後，「效率派」者又高喊「效法日本」。韋伯夫婦認為日本的勝利源自於對「自由放任主義」的「規範」（Regulation）與「集團化」，並以社會主義觀點只擷取對本身有利部分。而威爾斯則在湯瑪斯．摩爾（Thomas More）所著關於新理想國（Utopia）的作品中，試圖將該國的統治階級稱為「武士」。

一九〇五年，作家阿佛烈．史戴德（Alfred Stead）出版了一本書——《大日本——國家效率之研究》（*Great Japan:A Study of National Efficiency*），並請羅斯伯里作序，他在其中如此對日本成功的主因給予高度評價：「日本具有優秀的愛國主義與完美精神，且拒絕政黨政治」（Searle, op. cit., p.58）。雖然英日同屬同盟國，但對於過去視它為東方一個完全迥異且未開化國家的日本給予如此奇特的稱讚，即可發現不斷努力摸索「帝國重生」的效率派被逼到絕境的危機意識。同時，如羅斯伯里對「政黨政治」的否定，從事改革當時，遭遇堅拒改革的

「議會制」這一大阻力而導致改革停滯，也使改革派有深陷困境之感。

未能付諸實行的議論

此時，開始重視近代國家發展與競爭力的關鍵，也就是行政效率與教育水準的提升。而提升的不二法門在於「科學」，於是設立皇家調查委員會（Royal commission），一手包辦政治與行政責任。也討論了關於「科學部」的創設。但「科學部」將使科學家這些「專家」以議會的政治家所無法理解的「高深知識」壟斷行政，「把不懂的人唬得一愣一愣」，甚至懷疑他們將介入議會預算權限，使得科學部的創立不了了之。英國與他們所創立的「議會」這個國家體制的主幹，現在卻成為改革的一大阻力。

而英國若不在政治、行政、經濟、教育、福利、軍事等各方面進行改革，將無法達成國家再造與提昇國際競爭力的目標。但改革需要「預算」，也就是巨大的財政支出。「效率運動」則沒有注意到財政問題這個決定性的「環節」。

而當時英國的外交路線，是逐步建構對德國的包圍網。雖然保持了原有海軍的優勢，但若不努力建設能對抗新興大陸國家強大陸軍兵力的近代化陸軍勁旅，便無法抑制德國。但是，從當時的政治常識而言，為支應這筆龐大支出所需的增稅，如果不完全顛覆原有國家體制，根本「不討論」（Out of question）。如此一來，包圍德國這個外交路線其實缺乏財政上的支持，因此在外交上具有重大危機。

因為此一路線將必定使德國在海上追求與英國對等的軍事力量之外，同時加強在歐洲大陸上的優勢軍力，誘使各國打破對三國協商的包圍網。此外，為了追上德國而擴張軍費增兵的法俄兩國也興起提前開戰的念頭。

對德施展外交包圍並未達成抑制德國擴張兵力的效果，因此要求龐大的財政支出為陸軍增兵已屬必要。在平日，這種財政構造的大轉換在英國的性格而言是「不討論」的。一個已經缺乏足夠力量的霸權大國，轉向封鎖政策的危險性便在於此。

而與「財政」相關的另一項目，就是改革派最大的「要害」，也就是「自由貿易」。

其實「自由貿易」這一點，才是高度重視維持自由貿易的「自由帝國主義者」（Liberal imperialism），與站在產業界立場，認為推動國內各項改革之餘，應實施保護主義的張伯倫等一派的唯一最大分歧所在。而「自由貿易」也是左翼的「守舊派自由主義」與「自由帝國主義者」唯一的連結。但這樣的同盟毋寧說是「同床異夢」。「守舊派自由主義」認為自由貿易是人道國際主義的一大支柱，但「自由帝國主義者」卻認為自由貿易是逐漸倒向國際金融的大英帝國霸權的經濟基礎。

明確表現此一狀況的，是與羅斯伯里密切合作的地緣政治學家麥金德在一八九九年於

「City」銀行協會舉辦的演說。麥金德提到，應區別產業界與金融界的利害關係，英國產業面臨嚴峻的競爭，甚至可能早晚會在國際競爭中出局。但世界經濟的大趨勢是經濟力量的「三極化」（也就是大競爭的結果，將使世界經濟中心分為幾個極），以及經濟活動的「均一化」而形成全球化經濟，難以抵擋。但金融、資訊中心等主宰經濟的「首腦」才是稱霸世界經濟的戰略據點，而不在製造業，能控制金融與資訊的人才能夠在國際競爭中勝出（Semmel, op. cit., chap.3），製造業的競爭不該「小鼻子小眼睛」地只做「以幾碼為單位」的爭奪，應該以金融與資訊力量，用狩獵民族的觀念佔據自己的「據點」，才是自由主義的「戰略思考」。

但接下來要面對的卻是產業空洞化導致人們活力的枯竭，也就是最為核心的「衰退」這個無底洞。麥金德發現後，毅然拋棄自己在自由黨內的光明政治前途，轉向保護貿易派，開始主張英國資本家競相赴海外投資設廠的行動，將導致英國失去許多貿易商機，甚至造成社會萎靡與降低國民教育水準，引發廣大移民潮，而導致帝國「人力資源」的弱化。並承認他曾倡導自由主義的錯誤。

在維持帝國「人力資源」活力的同時，以關稅收入確保國內改革的財源，同時更重要的是維持製造業的基礎，正是張伯倫等主張「保護主義」的改革派最大訴求。但同樣面臨巨大的阻力，那就是自由貿易這個「理念」在英國民間滲透層面之廣且根深蒂固。

此時，年輕的邱吉爾犯了當時英國政壇的大忌之一，就是離開一個黨（保守黨），加入他黨（自由黨）（Cross the floor），正是因為他對「自由貿易」理念的執著。

而大國霸權與繁榮的基礎最終仍在於「人力資源」這一點，在此時的改革論中逐漸成為重要論點。因此自由帝國派也同樣以「提昇英國國民素質」的名義，訴求行政、教育、福利、保健、道德、思想上的改革。但他們仍沒有充分意識到近代社會之中，以製造業為中心的國內產業才是真正大幅影響製造業這個基礎與其活力的因素。且無論是效率派與自由帝國主義派，都沒有關注到實施大範圍改革所需的「財源」問題。

對財政緊縮的反動

另外，張伯倫等保護貿易派也沒有發現，已處於成熟期的英國經濟，若模仿處於興起期的美國或德國等採取保護關稅制度，恐將造成與自由帝國主義派同樣的結果，導致英國產業失去活力，甚至引發「對內而導致的空洞化」。

的確，認為在維持住製造業的同時，以保護主義所得的關稅收入作為社會改良的財源，才是帝國復甦不二法門的「保護貿易派」（Liberal unionist），或許比一直未認真面對改革財源問題的「自由帝國主義派」更為現實。但獨立欲望甚強的加拿大與澳洲等「殖民地」也不同意因為英國的狀況，而必須付出高額關稅購買美國製品。其實，「財政」才是英國復甦的一大關鍵。

但是在外交上，為了對抗「德國的威脅」，捨棄了「光榮的孤立」，建立英法俄三國協商路線，結果，卻為「邁向世界大戰之路」進行了鋪設，可以說其最大原因在於對「財政」的考量。如前述，在戰爭爆發前的英國，將建立足以制衡德國，也就是讓德國人感受到在歐洲開戰沒有勝算的龐大陸軍這個的選擇「排除在外」。恐怕對「財政」的考量是決定性的因素。

但英國在與法、俄合作之下，若朝著縮小對德包圍網的方向前進，恐怕將無可避免地被捲入原本想要避免的大戰。但是，諷刺的是大戰一爆發，英國立即組成數以百萬計的龐大陸軍，前仆後繼地在歐陸投入悲慘的壕溝戰，這「睿智的英國一大愚舉」實在太過怵目驚心。

但「財政」所造成英國衰退的因素，卻與其他衰退的霸權國家不同，並不在於「財政赤字」，反而財政部與政治人物「不能增加財政赤字」的一種「強迫性觀念」，才是改革失敗的一大主因。也就是這種「財政赤字妄想症」使英國儘可能排除必要的改革與帝國未來可能的花費。各種社會改革計畫，以及為維持帝國所需的軍事費用增加，在當時英國財政部的一片「削減」之聲中，也常被批判為「財政專制」（Tyranny of the Treasury）。

確實，這樣不斷「財政緊縮」的作法，精英們保護國家的想法都是「再增加花費，恐怕國家會破產」，但恐怕這才是「衰退源頭」的乍現。因為他們缺乏使國家復甦的歷史視野，充滿了實務型精英所特有，認為「歲入無法再增加」這種對現狀過於絕對的先入為主觀點。因此英國的許多社會改革計畫都胎死腹中。或許我們應該考慮到，英國是一個「議會」與「土地貴族」之國，形成關乎國家根本的巨大障礙。

若需籌措改革所需的財源，必須增加包含對大地主課稅等徹底的稅制改革才能達成，但作為英國主權的議會，無論在直接或間接層面，都無可否認地仍是「貴族地主的堡壘」。也就是說，英國遭逢除「革命」之外無法突破的障礙。

如此「社會活力枯竭」與「自由貿易」間的對立，加上「財政」，這三大障礙使得能夠促進帝國復甦的改革化為烏有。換言之，或許因為這些都是超過當時英國精英在知識與政治上能力的極限，因此「無法解決」的問題。

但這個「戈耳狄俄斯之結」卻被一個完全意想不到的方式所切斷。但解開這個結的不是「保護貿易派」，也不是「自由帝國主義派」，而是被世紀末改革風潮逼到絕境的「守舊派自由主義者」，可說是「對改革的一大諷刺」。而這位靈魂人物卻是出身於威爾斯煤礦區貧民窟，也就是英國史上的政壇「孤鳥」——勞合．喬治。

關於改革的議題雖成為政治上的一大主軸，但勞動階級對於改革的意見「不要奪走我們便宜的麵包」卻未受重視。檢驗「改革」爭論的一九〇六年大選中，主張保護關稅的張伯倫等保守黨一派慘敗。新執政的自由黨內閣將改革的主軸大幅左傾，以徹底反對波爾戰爭的名義，勞合．喬治在不斷疾呼一個作為「人民之友」（People's friend）的「福利社會」理念之後，獲得財政大臣的職位。勞合．喬治所主導在一九一〇年以「人民預算」（People's budget）為名的社會改革，動員群眾對上議院土地貴族施壓，以左派新勢力的急進手段進行「實力壓制」型的改革，或許可說是一種「革命」。

這也就是過去執政精英只視為「人力資源」的常民大眾的「怒吼」，終於使改革的巨大阻礙動搖。

像當時英國這樣日漸成熟的大眾社會，過去改革派精英所施行「由上而下的改革」，恐怕還是忽略了許多歷史脈絡。也因此他們的改革論在遇到「阻礙」時窒礙難行。而在面臨由大眾進行「由下而上的改革」時，精英們又缺乏觀照以下兩個課題的視野。那就是「維持國內產業活力」的重要性，以及「國際關係」的困難。勞合．喬治所發動的「由大眾來為大眾改革」路線，卻在第一次世界大戰的餘波中面臨難以為繼的命運。

第九章
悲傷的大戰

「在人類史上，無論是什麼樣的帝國，如果失去了支撐其中心思想和信念的統治精英，便沒有仍能長久存續的例子。」

——沃爾特・李普曼（Walter Lippmann）

第一次大戰的烙印

第一次世界大戰在英國的衰退所佔的位置，與戰爭的本質一樣帶有濃厚的「悲劇」色彩。倫敦市區有「特拉法加廣場」與「滑鐵盧橋」，以及「不列顛戰役紀念碑」等等，許多紀念碑與建築物都紀念著英國在戰爭中獲勝的光榮。

但是，紀念第一次世界大戰最具代表的紀念碑，卻是在離政府機關林立的白廳（Whitehall）稍遠的地方，所矗立的一座樸實無華的石塔——陣亡者紀念碑（Cenotaph）。「Cenotaph」一般是指「衣冠塚」之意。這個象徵第一次世界大戰的紀念碑，卻不是「戰勝」，而是與「服喪」有關，震懾人心。這個紀念碑的揭幕儀式上所唱的讚歌卻是：「主啊，請救贖我們過去的日子」！可見「悲傷的第一次世界大戰」這個烙印，永遠銘刻在英國人心中。悼念毫無意義大量陣亡的「悲傷」，才是英國在第一次世界大戰的關鍵詞。

第一次世界大戰英軍陣亡人數雖沒有確實的統計（因尚未統計完竣便爆發第二次世界大戰，並因納粹德國的對英空襲造成資料燒毀），但粗估達約九十萬人左右。當然這是英國有史以來未曾發生過的大量傷亡慘劇，更需注意的是，第二次世界大戰英國官兵陣亡人數約三十九萬七千餘人，不及一次大戰的半數。戰爭期間前者為四年，後者為六年，且二次大戰不僅在歐洲，北非與東南亞也是主戰場，但陣亡人數卻比範圍僅限於歐洲大陸的一次大戰大幅下降

（而德國的陣亡者，一次大戰為一百八十萬人，二次大戰卻暴增到三百五十萬人）。

對英國人而言，第一次世界大戰因為大量死亡，而成為一個「悲傷記憶」的悲劇。

而這次大戰也是一部包含「帝國落日」的壯烈史詩，與揭開英國「苦難的二十世紀」序幕的歷史劇。參戰的許多英國人抱持著純粹為國奉獻與自我犧牲的精神，再與「紳士精神」結合，以及對中世紀「戰鬥理想」遺風猶存的憧憬，在這些意念交織之下的人們，與只是「咬緊牙關」忍受所有痛苦的二次大戰大不相同，上演了許多動人故事。

但造成第一次大戰更為慘烈的「悲劇」，是由「浪漫」與「悲慘」、「高貴」與「不負責任」、「野心」與「純真」等人世間無可避免的矛盾，在戰場這個背景下浮現出來，其中人性中許多「良善」的一面，最後都被消磨殆盡，有如一場一場「幻滅」的劇情。「幻滅」不僅出現在個人身上，也出現在大英帝國的精神之中。

在大戰之後，帝國再也無法恢復往日榮景。大英帝國儘管「戰勝」，卻往「衰退的下坡路」加速前進，無法回頭。

諷刺的是，大戰可能是帝國最大的悲劇。

民間歷史家詹姆士．莫里斯認為「不列顛治世於一九一四年八月告終」。如果「不列顛治世」指的是「英國帶來的和平」，那麼的確如此。

但，當時的情勢早已不是「英國帶來的和平」。因為海峽彼岸作為世界中心的歐洲大陸的安定，也只是倚靠列強之間微妙的權力平衡維持，並且是由日漸強大的「軍事力量均衡」來維繫。同時也逐漸呈現出軍事力量的焦點在於英國在歷史上向來最弱的一環，而且總是試圖避開的陸軍大規模動員戰。

因為「除了包圍德國別無他法」這種強迫性的觀念，使英國本身也被自己「圍困」在強大的軍事對峙網中，導致展開這場「巨大悲傷」大戰的命運。

勢力的均衡一旦被破壞，很明顯地將造成「巨大的悲劇」。

這個命運大約在大戰前十年就已經鋪陳出來。德國的強大，尤其是進駐歐洲以外的地方，都使大英帝國「倍感威脅」，只好將自己的勢力伸入狹小的歐洲，雖然並未採用激烈手段，但曾試圖以軍事、外交、經濟等，全方位地試圖抑制、壓迫德國。

而英國的手段之一，就是與在軍事上和德國激烈對立的法國締結了一連串的軍事同盟（一九〇四—一一年）。因此當德法間發生軍事衝突時，英國便自動站在本身力量較弱的法國這一邊，被捲入歐陸的大規模地面作戰是必然的。但英國缺乏加入同盟所需的軍事基礎（強大的陸軍兵力），便踏上這條「命運之路」。

換言之，在全球有廣闊疆域的大英帝國之命運，幾乎就完全賭在前途未卜的歐陸作戰。這裡存在著大英帝國的「悲劇核心」。

戰爭爆發於一九一四年八月，龐大的德國陸軍勢如破竹地通過比利時直搗巴黎。九月四日，法軍趁著德軍在巴黎近郊馬恩河畔暫停突進的空檔加以「反擊」成功，若沒有發生這樣戰史上罕見的「奇蹟」，恐怕法國將遭攻破。無獨有偶，同年十月德軍一翼再度南下到英吉利海峽對岸，法比國境的伊普爾時，若無少數英國派遣軍的頑強抵抗，恐怕巴黎也將被攻陷。

這場「伊普爾戰役」之激烈，就如照片上所呈現寸草不生的悲慘情景。對於這些以「紳士的理想」與愛國的一腔熱血，夢想一場英雄之戰而加入志願兵的英國青年而言，受到的是近代戰爭超乎想像的苛酷洗禮。後來指揮二次大戰的最高潮「第一次阿拉曼戰役」與「諾曼第登陸」，與艾森豪同為聯軍英雄的伯納德．蒙哥馬利（Bernard Montgomery）也是被「伊普爾的洗禮」震懾的年輕人之一。

加里波利的悲劇——大英帝國的「瓜達康納爾戰役」

一九一四年的耶誕節這日子到了——當初，許多英國人深信認為到了這時候就將凱旋歸來——但法德邊界的西部戰線陷入了膠著，戰事普遍走向長期化的壕溝戰。

西部戰線的膠著與土耳其加入德國陣營，使英國人開始發揮「帝國的本能」。

立足在「通往印度的要道」由來已久的鄂圖曼土耳其帝國，對於有意擴張帝國領域的英國人而言，可以同時激起他們的「浪漫情懷」和獲得領土的欲望。無論如何，為了提高戰爭時期全民的鬥志，英國的戰時領導部門需要像「特拉法加」或「滑鐵盧」這樣的英雄戰場。而發揮「帝國本能」的代表人物，爬到相應地位時也是「加里波利悲劇」的開始。他就是當時擔任海軍大臣的邱吉爾。

具有世界最大艦隊的英國，在開戰同時，也在港區監視著待在港內遲遲不出擊的德國海軍，並實施北德沿岸封鎖任務，這也是一種「海上壕溝戰」。由納爾遜率領帝國海軍（Royal navy）揮軍奔向廣大的東方戰場，向敵方主力進擊的英姿，對於演出這場充滿浪漫與光榮的「戰役」的邱吉爾而言，主力艦隊長驅直入達達尼爾海峽，一舉攻佔首都君士坦丁堡，擊潰土耳其，然後再從背後攻向德國，這個孤注一擲的戰略構想充滿難以抗拒的魅力。

對於受到正統希臘古典教育，深具知性涵養的英國精英政治家而言，「達達尼爾」一詞具有誘使他們進入「薛西斯」或「尤里西斯」等英雄史詩世界的魔力。而看盡古代英雄興亡故事的特洛伊遺跡就位於達達尼爾海峽的入口。

一九一五年三月十八日，海軍大臣邱吉爾不顧第一海務大臣（First sea lord）約翰・費薩爾（John Fisher）等職業軍人的反對，強行決定投入加里波利之戰。

由具有高聳指揮塔的英國海軍最新、最強巨大戰艦「伊莉莎白女王號」率領二十二艘無畏艦（Dreadnought），掛上「白軍艦旗」從特洛伊外海轉入達達尼爾海峽的光景，實在太過壯麗，有如一場夢境。海峽平均寬度約僅三英里，且許多地方設有水雷，一九一五年的達達尼爾海峽兩岸堅固的要塞防禦工事綿延數十公里，該如何突破呢？採取大時代隊形，從正面進入海峽的英國艦隊英姿，充滿了難以扭轉的時代感喪失與時代錯誤，似乎象徵著二十世紀的大英帝國。

正如預期的，艦隊的舵遭到水雷炸毀，在狹窄的海峽呈弧形漂流，「海洋號」戰艦成為兩岸砲擊與機槍掃射目標的樣子，讓其他艦長大驚失色。這一天在海峽入口附近折損三艘巨大戰艦的英國海軍決定放棄作戰。

但真正讓英國飽受挫折的是，他們以為那些膽小的東方人（Orientals）只要一看到帝國海軍的壯盛軍容便會聞風喪膽，跪倒在大英帝國的威嚴面前。而他們經過數個世紀驗證的「帝國聲威」至今卻蕩然無存。不過距今三十三年前，艾哈邁德・阿拉比所率領腐敗至極的土耳其軍隊佔領埃及要塞亞歷山大港時，英國海軍只發砲幾次便能攻下。但這次由凱末爾・帕夏（Kamel Pasha）〔即土耳其國父凱末爾・阿塔圖克（Kemal Atatürk）〕所指揮的土耳其海峽駐軍，與當時根本不可同日而語。

但真正的「加里波利」悲劇至今才正要展開。

得知艦隊無法侵入的英軍，便指揮陸軍從海峽西岸的加里波利半島上岸，意圖藉此控制海峽。指揮這場作戰的伊恩・漢密爾頓（Ian Hamilton）上將（參照第六章）是經歷過阿富汗、

加里波利之戰——達達尼爾海峽圖

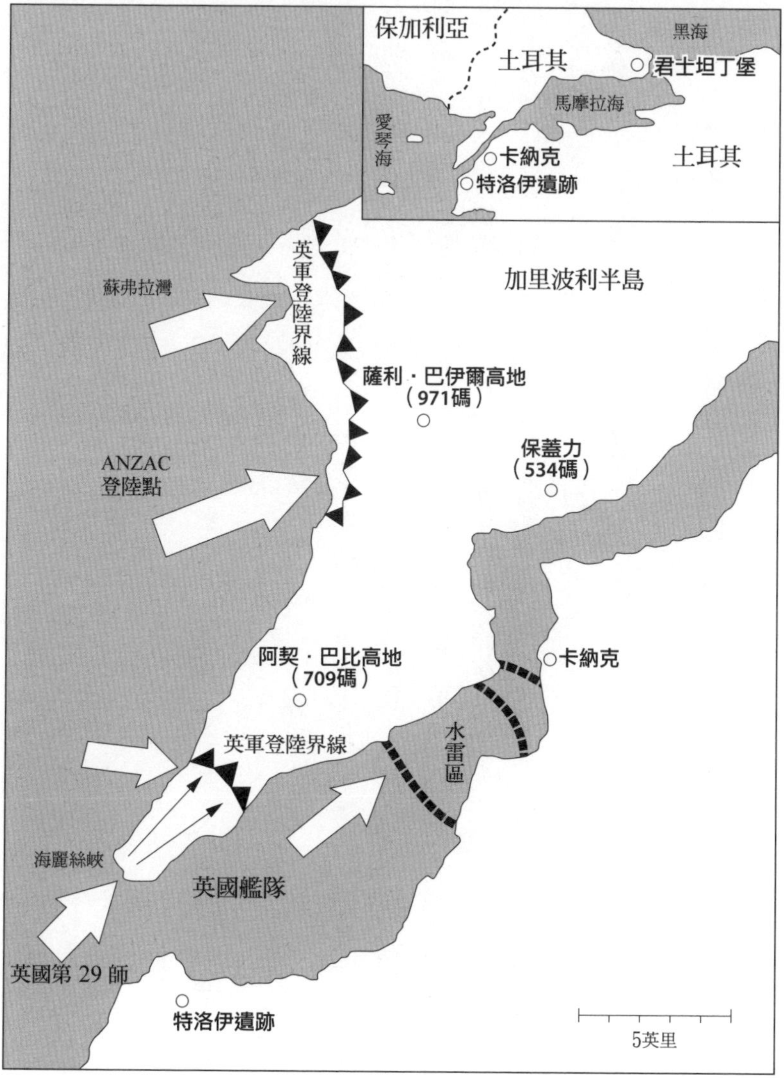
保加利亞
黑海
土耳其
君士坦丁堡
馬摩拉海
愛琴海
卡納克
土耳其
特洛伊遺跡
英軍登陸界線
加里波利半島
蘇弗拉灣
薩利・巴伊爾高地
(971碼)
保蓋力
(534碼)
ANZAC
登陸點
阿契・巴比高地
(709碼)
卡納克
英軍登陸界線
水雷區
海麗絲峽
英國艦隊
英國第 29 師
特洛伊遺跡
5英里

緬甸、蘇丹以及波爾戰爭等十九世紀末英國陸軍各主要戰爭的將領，也是一位「紳士」。人格高潔並重視傳統與勇氣，應對進退極為得體練達。在此十年前，日本才邀請他擔任日俄戰爭的觀戰武官，受到日本陸軍將領們的一致尊敬。

他的地位有如「英國的乃木希典」。他的戰法是讓陸軍主力第二十九師從半島最南端的海麗絲峽(Cape Helles)登陸，「孤注一擲」地往半島北方前進。並且為了掩護與協助主力，也有從遙遠的北方登陸的ANZAC部隊（即澳洲、紐西蘭軍團）。

今日提起「加里波利」，將必定聯想到ANZAC部隊。這個關係構成了「加里波利悲劇」的故事主軸。他們不明究理地投入了這場與本國距離遙遠的戰爭，苦惱於英國人的輕視與一板一眼的軍紀，在談笑中登陸荒涼的加里波利海岸的澳洲官兵，卻馬上遭到埋伏的土耳其軍隊從高處以猛烈砲火攻擊。這個後來被稱為「Anzac」海岸的地方，當時有三萬的紐澳軍四處竄逃，血流成河。到撤退為止的八個月，在狹窄的海岸飽受砲擊與病魔折磨的紐澳軍，即使僥倖生還，也帶著一生難以癒合的心靈創傷活下去。

時至今日，對澳洲人而言提到「加里波利」，就是「悲傷」與「哀悼」的代名詞。對於夜間看著海上我方醫療船的燈光，卻在海岸邊的懸崖上嚥下最後一口氣的許多澳洲士兵而言，加里波利就有如瓜達康納爾對日本人的意義。

當然，主力的英軍也受到嚴重損傷。但他們與澳洲人不同，選擇默默忍耐。二次大戰後擔任英國首相的克萊曼・艾德禮（Clement Attlee），以及在英帕爾戰役（Battle of Imphal）中擊退日軍的總指揮威廉・詩利姆（William Slim）將軍，都在英軍主力部隊之中。直到八月，在參謀總部的建議下從更北方的蘇弗拉灣(Suvla)登陸，雖然犧牲許多官兵，但一度獲得突破敵方戰線的機會。只是在遠方海域的伊莉莎白女王號指揮塔上運籌帷幄的漢密爾頓，把實際的指揮權交給屬下，而失去了好時機。而這些都紀錄在他每天在有條不紊的房間中寫下的日記裡。

八個月的作戰期間，投入超過五十萬的兵力，其中死傷者達二十六萬。只有當年年底，趁著夜色昏暗在海岸上救出生還者的行動奇蹟似地成功，在倫敦則以「勝利轉進」報導此次行動。加里波利對大英帝國整體而言，有如「瓜達康納爾」戰役。

忘卻納爾遜的英國海軍

在近東發生加里波利悲劇的同時，在英國國內，因報了「戈登之仇」，奪回喀土木以及波爾戰爭成為國民英雄的基奇納元帥當上陸軍大臣，進行戰前始料未及的措施，為配合大陸上的現代戰爭，而建置史無前例的大規模「國民陸軍」。此時，帝國主力的英國海軍卻仍在從事德國沿岸的封鎖，等待與艦隊決戰機會的到來。

一九一六年五月，機會到來。深信如果不經歷一場「特拉法加」便無法取勝的海軍部年輕將領一聽到「敵方艦隊出擊」的消息大為振奮，於是揭開了「日德蘭海戰」的序幕。

發生於丹麥西方海域的「日德蘭海戰」是第一次世界大戰中英德主力艦隊最初，也是最後的交鋒，同時也是海戰史上最後一次互相以艦隊主砲瞄準敵艦攻擊的古典式艦隊對決。一九二〇年代後的海戰中，飛機的優勢確立，「納爾遜時代」已永不復返。

日德蘭海戰前英國海軍明顯具有優勢。在英國大艦隊（Grand fleet）總司令約翰・傑利科（John Rushworth Jellicoe）的指揮下，以二十八艘無畏艦與九艘巡洋艦的陣容，對抗萊因哈特・舍爾（Reinhard Scheer）所率領的德國公海艦隊（Hochseeflotte）十六艘無畏艦、五艘巡洋艦的規模。但德國海軍有速度，以及潛水艇（U Boat）的協同作戰等優勢。

五月三十一日拂曉，接獲「發現敵艦」的消息，除了從蘇格蘭北方斯卡帕灣出港的大艦隊主力外，還有由大衛・貝蒂(David Beatty)率領的高速艦隊在深夜率先出擊。而德國弗朗茲・馮・希佩爾（Franz Ritter von Hipper）率領的巡洋艦隊也先行出動，在北海上朝北北西方向前進。過了中午，兩艦隊都在海平線上不斷監控敵艦的出現。下午三點半，貝蒂確認是希佩爾的艦隊後，便進行達一萬五千碼的距離展開砲擊戰，但光是前哨戰就發生了英軍所未預料到的嚴重損害，「瑪麗女王號」（HMS Queen Mary）與「不倦號」（HMS Indefatigable），都在剛開始的砲戰中便中彈沉沒。

在旗艦「雄獅號」（HMS Lion）指揮塔上的貝蒂也只能念著：「可惡，我們的艦隊似乎不太對勁」，同時發現德國穿甲彈威力與化學工業都比英國強許多，加上光學技術的差距，使德國的測距儀與砲術準確度都遠超過英國海軍的預期。

兩艦隊交火到四點半時，貝蒂發現率領十六艘無畏艦的舍爾主力艦隊出現在希佩爾後方，而意圖將德國艦隊吸引到傑利科率領的主力艦隊後方。但貝蒂沉迷於與希佩爾的砲戰之中，未將消息回報傑利科。

晚間六點左右，傑利科發現夕陽西下的海平面彼端逐漸靠近的貝蒂艦隊砲擊聲，開始猶豫是否要轉為戰鬥隊形（為使我方主砲能全部朝向對方攻擊，讓所有艦艇成一直線）而陷入「世紀猶豫」之中。而傑利科坐鎮的大艦隊旗艦「鐵公爵號」（HMS Iron Duke）上，感受到大英帝國國運懸在此一戰中的傑利科只能不斷呼喊：「誰能告訴我，到底是哪裡在打？」

為躲避敵方的水雷攻擊，排成圓形往東南東前進的十數艘英國主力艦隊，若呈戰鬥隊形以右方為軸排成一直線，往北北西前進，就會與近乎平行的德國舍爾主力艦隊拉近距離。但敵方的出現比想像中早，更不利的是，正在散開轉換方向時就遭到敵方集中砲火攻擊。而如果往左側成一直線，便會拉開與敵方的距離使敵方有機會逃跑。傑利科陷入進退維谷的窘境。歷史家羅伯特．布雷克認為：「近現代的歷史上幾乎找不到像這樣，單一人物必須在如此短時間內做出如此重大決定的例子」。（Robert Blake, The Decline of Power 1915-70, 1985, p.35）

的確，如果在擴大變換隊形之中德國艦隊出現，英國大艦隊將遭遇重大打擊，甚至一敗塗地，因此他們的猶豫有些部份與「雷伊泰海戰」中的栗田健男中將非常相似。至少他們不是採取如納爾遜以一直線隊形向敵方進攻的戰法。或許如此以不甚確定的情報與勝算，以求儘可能減低我方的戰力損耗，或許可說並非出於兵士，而是較接近軍事官僚的思維。

六點十五分，傑利科決定採取「安全策略」，命全體艦艇集中到左側，的確，大艦隊以大弧線出現在德國艦隊右方時，一度讓德國大吃一驚（傑利科為了出現在德國艦隊的正東方，在夕陽西下時西方海平面上德國艦隊的影子將有如幻影）。當然舍爾在一瞬間便判斷與敵方距離甚遠，放出煙幕彈意圖反擊。就在此時，德國艦隊將傑利科的重要船艦「不倦號」直接擊沉，當「旗艦」也遭擊沉時，英國艦隊只有在黑暗中向南撤退。

海戰結果，英國損失十四艘艦艇（總噸數十一萬一千噸）與海軍官兵數千人；德國卻只損失十一艘（總噸數六萬二千噸），犧牲較少。而在六月一日中午，德國海軍返航母港亞德(Jade Bay)時，舍爾曾驕傲地宣佈獲勝。

「日德蘭海戰」的勝負與意義實在難以定義。但如貝蒂的例子，戰場的情報傳遞，以及英國海軍作為組織的功能，在尚無無線通訊的時代，仍以「納爾遜時代」方式以帆船、旗語溝通。相對的，就如傑利科的慎重，自覺攸關帝國命運，而勇於做出現場指揮官應有「決斷」的活力，卻象徵著「納爾遜時代」的遠去。無疑是大英帝國臺柱的英國海軍開始出現某些徵兆。從戰略的大意到尖端科技運用的落伍，到組織功能的低落與喪失決斷的果斷性，種種跡象組合成為「衰退」的徵兆。即使是「海軍」這個帝國的主幹，也象徵了整個大英帝國已陷入跟不上時代的窘境。

走向幻滅與充滿亡靈的戰後

「日德蘭海戰」的隔月，英國陸軍又在法國北部所展開大規模「索姆河之戰」。這場可說是「大英帝國心神喪失」的戰爭對英國造成重挫，也是「悲傷的第一次世界大戰」中最具象徵性的一場戰役。

由於加里波利的敗退，使人們矚目的焦點轉向德法國境的西部戰線。因為若不突破壕溝戰的膠著，早日達成國民與議會所追求的勝利，將影響統治者的權力基礎。因此首相阿斯奎斯（Henry Asquith）、陸軍大臣基奇納，以及勞合・喬治等內閣官員便開始對前線總司令官道格拉斯・黑格（Douglas Haig）施壓。但黑格對克勞塞維茲（Carl von Clausewitz）戰略論的錯誤解釋，並且以「勇鬥精神」之名，深信完全不具想像力的正面攻擊戰法，因此幾乎只知道向著敵軍的機槍掃射衝鋒陷陣的戰法。

他在約有九十英里的英軍正面，挖了全長約達一萬公里的壕溝。接下來有好幾年的時

日德蘭海戰圖

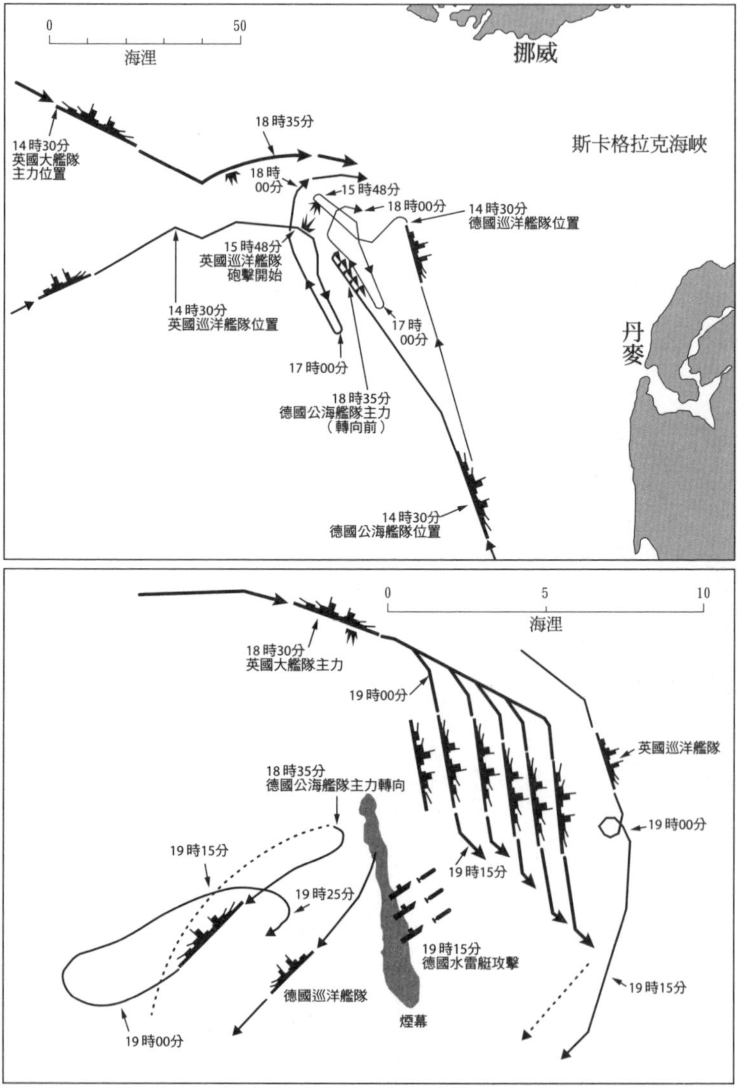
0
50
海浬
挪威
斯卡格拉克海峽
丹麥
18時35分
14時30分
英國大艦隊
主力位置
18時
00分
15時48分
18時00分
14時30分
德國巡洋艦隊位置
15時48分
英國巡洋艦隊
砲擊開始
14時30分
英國巡洋艦隊位置
17時
00分
17時00分
18時35分
德國公海艦隊主力
（轉向前）
14時30分
德國公海艦隊位置
0
5
10
海浬
18時30分
英國大艦隊主力
19時00分
英國巡洋艦隊
18時35分
德國公海艦隊主力轉向
19時00分
19時15分
19時15分
19時25分
19時15分
德國水雷艇攻擊
德國巡洋艦隊
煙幕
19時15分
19時00分

間，數百萬年輕人潛入鐵絲網後面的地下，四周圍繞著含水易崩的土牆，看著灰色長條的天空生活著。最壞的狀況，還會聞到人或馬的屍臭與毒氣混合的惡臭，加上佈滿髒污和蟲類的衣服、有刺鐵絲網與極為肥大的老鼠。而且每天早上為了預防敵人襲來而緊張地全副武裝。壕溝戰悲慘至極的記憶，在戰後都還深深傷害著經歷者的心靈。

但即使能逃離壕溝戰的悲慘，黑格的單兵突襲法卻不可能「拯救」官兵。由於法軍部隊頻頻爆發的兵變事件，以及法國對英國的態度開始轉向猜疑，但為維持英法同盟，一九一六年六月，黑格決定在北法索姆河畔投入二十五個師的大軍進行攻擊。七月一日，英國砲兵隊向己方軍隊宣告開戰的預備砲擊結束後，已是晴空萬里的早晨。呈數層波浪狀隊形的英國步兵廣大戰線一起衝向敵方，猶如進入達達尼爾海峽的英國戰艦，都展現出英國在戰略上史無前例的無能。甚至更象徵與戰略無能一體兩面的，也就是領導者在「草菅人命」這點上的愚蠢與遲鈍。

作戰第一天的突襲就有七萬數千人死傷，是大英帝國有史以來的一大慘事。

雖然記取法國在凡爾登戰役中發生大量死傷的教訓，英國陸軍改以每分隊為單位轉向突襲方式，但陸軍大部隊還是朝著敵方機槍掃射處前進的戰法，仍與過去以步槍為主的拿破崙戰爭相同。背著超過體重一半以上，重達四十公斤的裝備衝出壕溝進行突襲的部隊在砲擊中犧牲後又變成怎麼樣，幾乎無人知曉，這就是索姆河戰役中指揮官的狀態。也是象徵「大英帝國心神喪失」的一幕。

受此損傷的英國官兵也展現出與以往不同凡響的性格。由於他們是燃燒自己赤誠的愛國情操與熱烈的自我犧牲精神，由國民中素質最高者組成的志願軍，並且幾乎未受過正式的軍事訓練，就以數百萬人為單位送上戰場。士兵的赤誠與高級指揮官的愚蠢組合起來，或許就成了有如二次大戰中日本在塞班島戰役等悲慘而缺乏合理性的表現。

持續了三個月的「索姆河之戰」，直到陣亡者多達五十萬餘人方休。

經歷過如此以不合理的形式大量陣亡的國家，到了戰後自然無法恢復正常的精神狀態。沈浸在「悲傷」之中是唯一恢復理性的途徑。

尤其英國的精英在這場大戰中折損極為嚴重。

據說一九一四年，五十歲以下的貴族男子有將近百分之二十戰死沙場。而參加作戰生還回來，在二次大戰後被冠上「加里波利生還者」頭銜，在艾德禮之後於一九五〇年代擔任首相的安東尼・艾登（Anthony Eden）（其長兄於伊普爾，弟弟於日德蘭陣亡），以及哈洛德・麥克米倫（Harold Macmillan）等人，終其一生都受到在索姆河戰役受傷的後遺症所苦。與他們一同從牛津、劍橋大學出征的同學，大約每三人有一人陣亡。

這樣的陣亡率甚至比日本「學徒出陣」時的帝大生高出許多。且牛津、劍橋學生未經訓練便擔任下級軍官，抱持貴族意識的他們，總是按照命令在最前面衝鋒陷陣參與突擊。

也就是說，當時最優秀，最具良心的年輕人許多被迫陣亡沙場。也可形容為中世紀以來一直精力充沛的英國精英群之間發生了「階級之死」。

戰後回到牛津復學的麥克米倫發現牛津已淪為「鬼城」。國民之中素質最高者大量犧牲，即使在戰爭中獲勝，國家也不可能穩定不變。因此大英帝國只能迎向「充滿幻滅與亡靈的戰後」。

由這場「悲傷的大戰」所鐫刻的精神軌跡，似乎也決定了未來帝國要前進的方向。一九二四年，在倫敦郊外溫布利所舉辦的「大英帝國博覽會」正好展示了這個趨勢。由於戰後國民對日薄西山的帝國體制關切度不斷提升，因此政府與財界焦急地舉辦了這場英國史上最大的博覽會。

廣達二十二英畝的場地上，建造了帝國各地的展示館。一百五十天的會期中，來訪人數達二千七百萬人次（英國總人口過半數）。但這與七十年前於海德公園的「水晶宮」（Crystal Palace）中，謳歌進步理想的「倫敦萬國博覽會」有些相似又有所不同。

在溫布利強調「帝國理念」、「英國霸權」，以及「進步未來社會」的各場館與展示卻乏人問津，入場者大多玩著雲霄飛車，吃著冰淇淋玩賓果，跑到遊樂場玩。當時的流行語：「你要溫布利嗎？（Do you Wemble?）」更透過諷刺雜誌《衝擊》（Punch）而紅極一時。（參照 James Morris, Farewell the Trumpets: An Imperial Retreat, 1978, p.302）。像「帝國的未來」這種有點深奧的話題「大概是唬人的」，不如每天輕輕鬆鬆地過，或許也表現了新的生活形態與其精神。此時造訪倫敦的美國青年沃爾特・李普曼便表示：「在人類史上，無論是什麼樣的帝國，如果失去了支撐其中心思想和信念的統治精英，便沒有仍能長久存續的例子。」

第十章

勞倫斯的反抗

「我所能做的，充其量只有讓國家最高領導人認識到，遵守對阿拉伯人的約定，關乎英國在歷史上的名譽」

——湯瑪士・愛德華・勞倫斯（Thomas EdwardLawrence）

復甦之鑰——「石油」與「中東」

當統治世界大半地區的大國開始衰退時，即使衰退的態勢明顯，但通常難以立刻察覺。因為對活在那個時代的人們而言，實在難以想像這個不知強盛了多久的世界大國會急速地走下坡。

如果把世界大國比喻成一艘船，由於船隻是以巨大的動力航行在海上，如果產生了明顯的轉向，也就是開始朝向衰退的方向前進時，至少首先映入眼簾的仍是這艘船的巨大。甚至在發生根本的改變時，也常可以發現像這樣的大國出現短暫「迴光返照」，一時看似恢復了往日榮景。有時候外表看來甚至像是加速前進，因此人們常誤以為這就是大國的生命力。第一次大戰後的英國就是如此。

第一次大戰後，德國的優秀歷史學家艾力克．馬可斯（Erich Marcks），認為大戰勝利的大英帝國「目前已成為世界統治版圖最大與人口最多的國家」，因此做出了「英國衰退論是個虛妄的謬論」這個結論（E. Marcks, Englands Machtpolitik; Vortage und Studien, neuhrsg, eingel, von W. Andreas, Stuttgart/Brelin, 1940, s.181f）。

的確，透過第一次大戰，英國不但接收了原德國殖民地，也首次將廣大的中東地區納入版圖。大英帝國將巴格達、耶路撒冷、大馬士革等等中世紀十字軍東征也未能完全征服的伊斯蘭世界的中樞地區置於支配之下，達成了世界史等級的功業。由於這是連基督徒都覺得目眩神迷的光榮時刻，因此即使是對英國始終抱持對抗意識的德國愛國史家馬克斯・韋伯，被這副光景所眩惑也是理所當然。

但早在四百年前，就以透徹眼光洞悉大國命運的馬基維利，就曾強調國力基礎不夠穩固的大國擴張新領土是極為危險的事（《羅馬史論》）。另外二十世紀美國的優秀歷史家芭芭拉・塔克曼（Barbara Tuchman）則以世界史的視野指出國家越大，反而越容易做出愚蠢行為（《愚蠢行為的世界史》第一章，The March of Folly: From Troy to Vietnam）。

第一次大戰對大英帝國衰退的影響大致有以下三點：

第一點（如前章所述）是大戰對英國人在精神上的影響，這樣的「幻滅」與打擊幾乎可說是一種「大英帝國的心神喪失」，英國年輕世代間「統治帝國的意願」大為減退。

第二點是第一次大戰後所產生的世界新秩序，是個對古老霸權大國的英國而言始料未及，且難以適應的環境。戰後的世界就如莎士比亞的諷刺劇《美麗新世界》一般，受到因大戰而崛起的俄羅斯革命影響，英國勞工運動開始激進化，一九二五年終於發生了總罷工的重大危機。此後則成了可稱為「英國病」，經常發生「勞資糾紛（Strike）的時代」。

而更糟的是，戰後流行於世界的「民族自決」風潮，從根本動搖了大英帝國「以文明統治異族的正當性」這個標誌。

再加上「國際聯盟」這個耳目一新的新組織，對於英國這個傳統霸權國家想必不會太友善。雖然英國試圖「利用」此一組織，試圖重建帝國的支配地位，但反而讓英國外交手法逐漸受到桎梏。尤其像「聯盟」這種集體安全保障體制——曾是英國外交的看家本領——使必須依靠國力支撐的軟性權力平衡外交難以施展。

且如第八章「改革論的季節」所見，過去英國如此重視且堅持的世界金融控制力，竟在大戰後毫不猶豫地交給美國。而英美雙方對這個變化的適應失敗導致了一九二九年的大恐慌。大英帝國在遭受前所未有的大量陣亡而艱苦獲勝的大戰之後，所面臨的竟是這痛苦而充滿諷刺的「美麗新世界」。

第三點，也就是考量帝國衰退的因素時，最重要的一點在於因戰爭而使帝國範圍擴展到中東時所顯示的，當需要國力復甦之時，展現於外的實力膨脹總是使得「帝國關注焦點」分散，也使得力量大為散亂。

過去除了鄂圖曼土耳其帝國外，同時控制耶路撒冷和巴格達的帝國通常都無法持久。世界史上紛爭不斷的美索不達米亞與約旦河峽谷之間，自古以來就被稱為「帝國的墳場」，像是有個飄著妖魅氣息的「歷史流沙」橫亙於此。有史以來，曾統治過這歐亞非三大陸交界地帶的帝國，除土耳其之外，都是已過了「鼎盛」期，國內弊病叢生的帝國。

即使英國都知曉這些狀況，卻有不得不陷入這個「流沙」的原因。

其中之一就是「石油」。

在大戰前的一九一一年出任海軍大臣的邱吉爾，將帝國海軍的燃料正式由煤炭轉為石油。再透過促進世界機械化的第一次世界大戰，使得石油成為控制二十世紀世界的關鍵資源。

而大英帝國再度擴大成史無前例的大帝國後，控制中東的目的除了石油以外，還有一個特別的動機，那就是「對印度的執著」。

對於已經掌控印度與直布羅陀到蘇伊士的地中海兩端的英國而言，若能掌握尼羅河到印度河之間的廣大區域，以更穩固的形式正式獲得領土，就可以同時完全確保「石油」與「通往印度道路」的獲得。而且同時意味著英國作為史上最大帝國，同時完全統治了到香港、上海為止的歐亞大陸南端，將麥金德「地緣政治學」中所謂的歐亞大陸邊緣確實納入控制，便能確保帝國永恆的生命。

這意味著達成了大英帝國顛峰時期的維多利亞時代所並未實現的大幅擴張。對邱吉爾與貝爾福這種傳統的「帝國派」而言，可以證明他們光輝燦爛的功績。因為他們讓衰退的帝國找到復甦之道，而能夠在二十世紀繼續生存下去，關鍵就在於「石油」與「通往印度的道路」。

但英國與中東和印度的關係，卻使帝國走向毀滅之路。而在這個「帝國落日」照耀的舞台上，也上演了許多歷史與人物的故事。

聖誕節大禮

第一次大戰末期，在加里波利與索姆河戰役等飽受挫折的英國，卻從東方傳來振奮人心的輝煌戰果。一九一七年十二月，由愛德蒙·艾倫比（Edmund Allenby）將軍所指揮的中東派遣軍從埃及橫越西奈半島，朝著巴勒斯坦追擊土耳其軍。繼十字軍撤退後，相隔七百年基督徒再度奪回聖城耶路撒冷，可說是送給英國國民一個「耶誕大禮」。這也是開戰三年幾個月來，英國國民期待已久的「捷報」。

在「索姆河戰役」中，發生大量陣亡的事件，西部戰線總司令官道格拉斯·黑格等將領團隊遭受「無能」、「死板」的批評時，艾倫比也是一次大戰中接受他們命令的一位指揮官，但他是軍事才華備受矚目者之一，更同時兼具深諳人性的特質，是一位值得我們好好閱讀其傳記的人物。

身為十七世紀清教徒革命中心人物奧立佛·克倫威爾（Oliver Cromwell）後代的艾倫比素有「猛牛」之稱，看似精力充沛，卻又深思熟慮的性格深受許多人喜愛。而在艾倫比之下擔任參謀長參加戰爭的阿奇博爾德·韋維爾（Archibald Wavell），後來在二次大戰中擔任埃及派遣軍司令官，遠離蘇伊士攻向利比亞，與隆美爾所率領的德國裝甲師（非洲軍團）交戰，在利比亞沙漠中與隆美爾部隊對峙陣中想起了艾倫比，寫下了關於艾倫比的出色傳記。

粗脖子和紅臉，而且（假裝？）脾氣暴躁的艾倫比，看似故事中典型頑固而執著的軍人，初次見到他的人恐怕會被他嚇跑。但其實他儘管反應略顯遲鈍，卻深具知性而深思熟慮，也深藏著柔軟而極富感性的一面（Lawrence James, Imperial Warrior: the Life & Times of Field-Marshal Viscount Allenby 1861-1936, 1993, chap.18）

具有深厚希臘古典文學造詣的艾倫比，讀遍了斯特拉波以希臘文原文（古希臘歷史、地理學者，觀察眼光較希羅多德敏銳許多，他的許多論述至今對於學習中東情勢者仍極富價值）所撰寫的龐大論著，應用在自己的巴勒斯坦作戰，詳細研究古代關於橫越西奈沙漠路線的記載。

另外，根據韋維爾的記述，艾倫比更從歷史研究中得知七百年前，十字軍的理查獅子心王無法佔領耶路撒冷，是因為在瘧疾好發的季節進攻，而拿破崙的埃及遠征軍遇到的最大阻礙不是敵軍，而是中東特有的眼炎，因此立刻向下屬指示對策。雖然這對近代目光如豆的人們而言是古老的故事，儘管他不是專業歷史學家，但仍然充分顯示出英國成功的領導者對「歷史」獨有的態度。也可理解對大英帝國而言，「歷史」造詣是國力不可或缺的一部份。尤其對英國的精英而言，強烈意識到對於中東，需要追溯「伊斯蘭」和阿拉伯人到來之前的歷史視野與古典的區域概念，艾倫比也是一個例子。

艾倫比與韋維爾在二十世紀的英國軍人之中，不僅具有優越的軍事能力，更具有高深學識與對人的深刻理解，還有卓越的政治手腕，同時性格中具有黑暗面，因此不僅是支撐帝國的人，也是大國衰退期之中的悲劇英雄。兩人分別在一次大戰與二次大戰後當了埃及與印度總督，儘管深刻感受著「帝國落日」，但在即將獨立的殖民地擔任「末代總督」的微妙角色，仍是二十世紀大英帝國史上不可或缺的人物。

為了封鎖「帝國的本能」

但提到英國與中東，還有一個不可不提的人物。一九一七年十二月八日，一個在艾倫比和韋維爾陣中，穿著又皺又破的軍服，纖瘦有如女子的青年，追著敗逃的土耳其軍隊從耶路撒冷的雅法入城，加入英軍的行列。

他的名字是湯瑪斯．愛德華，勞倫斯（Thomas Edward Lawrence），也就是煽動阿拉伯人對土耳其人進行「沙漠反叛」而成功的「阿拉伯的勞倫斯」。

一八八八年，勞倫斯出生在北威爾斯的特雷馬多格（Tremadog）。由於父親湯瑪斯．查普曼的前妻是天主教徒而無法與勞倫斯的生母再婚，因此他是所謂的私生子。而他由於成績出類拔萃獲得特殊待遇，一九一〇年自牛津大學耶穌學院畢業後，決定從事考古學研究。從一九一一年到大戰爆發的一九一四年參加大英博物館的發掘調查團，到古西臺王國遺跡卡爾凱美什(Carchemish)遺址從事調查，並學習阿拉伯語，在鄂圖曼土耳其帝國統治下，具有近距離觀察阿拉伯人社會文化的經驗。

當時的英國，正在著手讓土耳其統治之下的阿拉伯人集結在麥加酋長哈希米家的海珊旗下，向土耳其揭竿起義。因此勞倫斯擔任穿針引線工作，被派到阿拉伯半島西部的漢志，在那裡遇見海珊的兒子費薩爾。

這對勞倫斯而言是「影響一生的際遇」。

此後，勞倫斯協助海珊指揮阿拉伯、貝都因（Bedouin）軍隊在沙漠對土耳其進行游擊戰，完全顛覆他原為考古學家的人生。

一九一七年七月，勞倫斯率領僅有五十騎的貝都因駱駝部隊，橫越了「若無奇蹟，絕不可能通過」的灼熱沙漠——內夫德沙漠，由陸路長征到阿拉伯半島西方的亞喀巴港(Al Aqabah)後方，在易守難攻的亞喀巴灣要塞奇襲成功。

領導這場充滿浪漫情懷的「沙漠叛亂」英雄——「阿拉伯的勞倫斯」之名響徹整個中東，不，應該是全世界。

對當時的英國男性而言，相對於他們對自卑的一般阿拉伯人的輕視，對勇敢的貝都因人昂然挺立於沙漠的生活方式，以及他們的「戰士文化」，認為與英國的「紳士理想」有共通之處。因此勞倫斯站在貝都因人部隊前面，騎在駱駝上指揮阿拉伯騎兵的英姿，在因西部戰線大量陣亡消息而充滿悲傷氣氛的英國媒體上，立刻成為極富英雄色彩的傳說。

其後，勞倫斯的阿拉伯軍團經由蘇伊士運河進入加薩走廊，與攻向耶路撒冷的艾倫比正規部隊右翼會合，為大英帝國「奪回聖地」之戰貢獻卓著。在開羅英軍總司令部的走廊上，穿著貝都因人服裝走向艾倫比將軍司令辦公室的勞倫斯，更富有傳說的英雄氣魄。

但此後我們將逐漸得知，英雄勞倫斯的內心，不再是一個只為了效忠大英帝國而生的軍人。

後來，勞倫斯自述他所帶動的「沙漠叛亂」，其目的並非僅為了帶領阿拉伯人對抗敵國土耳其，而如他以下的說明：

「那場行動是為了防止捲入大英帝國主義者的愚蠢行動中，如果坐視不管，在二十世紀的現代，就會發生像克萊武（Robert Clive）（一七五七年的普拉西戰爭後，確立英國在印度的霸權）和塞西爾・羅德斯（以力量與策略在十九世紀末將南非與羅德西亞納入英國統治範圍）那樣的狀況，而我要封鎖英國這些人有如中邪般的行為。因為時代已經不同了。」

在開羅陸軍情報部接獲極機密文書的勞倫斯，得知埃及總督亨利．麥克馬洪（Sir Henry McMahon）與麥加海珊之間的約定，即《麥克馬洪—海珊通訊》，是代表英國政府承諾阿拉伯人，若阿拉伯人在英軍協助下起義反抗土耳其，在戰後便承認原在土耳其統治下的阿拉伯人獨立建國的約定。

當然，對於英國政府與法國之間，在戰後讓土耳其控制下的阿拉伯人地區分割為兩國的密約，即賽克斯—皮科協定（Sykes-Picot Agreement），勞倫斯也必然知情。

對英國外交上可恥的兩面手法加以「反抗」，才是「阿拉伯的勞倫斯」充滿浪漫情懷的英雄故事本質所在。

因此他在耶路撒冷被攻陷後，帶領阿拉伯騎兵軍團奮力衝向「大馬士革之道」。大馬士革是由穆罕默德直系繼承者薩拉森帝國（伍麥亞王朝）所定的首都，也是象徵阿拉伯．伊斯蘭正統權威之地。對於真心希望阿拉伯獨立的勞倫斯而言，即使是為了守護大英帝國的道義，必須不是英軍而是由阿拉伯起義軍在四百年之後從土耳其手中奪回大馬士革。為了比已經自動車化，以卡車和吉普車開向大馬士革的艾倫比英軍先鋒部隊搶先一步抵達，交通工具是駱駝和馬的勞倫斯阿拉伯軍團進行大迂迴，通過土耳其軍隊抵抗較小的敘利亞沙漠一路奔向大馬士革。這就是勞倫斯向難以抵禦的巨大「二十世紀」，可說太早，也可謂太遲的「反抗」英姿。

在一九一八年十月，比艾倫比部隊早了一天半，率領阿拉伯軍隊抵達大馬士革的勞倫斯，戰後深感建設「阿拉伯統一國家」這個自己「年輕時的夢想」逐漸實現。

在戰爭中深切認識勞倫斯行動重要性的艾倫比，毫不吝嗇地供給勞倫斯所要求的資金與兵器。不只如此，身著阿拉伯服的勞倫斯可在英軍司令部出入自如，而艾倫比對這位年輕的「阿拉伯守護者」能夠如此寬容，表示英方並不僅將勞倫斯視為達成戰爭目的的一顆「棋子」。

對於前些年，在法國的索姆河戰役中痛失獨生子的艾倫比而言，在這錐心之痛的同時遇見勞倫斯，也發現自己的餘生就有如「帝國的落日」，而開始深思未來。

不斷主張著「戰後的事情應該全權交由政治人物處理」的艾倫比，對於勞倫斯作為「阿拉伯之友」的生存方式，或許對他的那種純粹有所共鳴。但艾倫比的共鳴僅在於內心領域，同時與老人看開一切的想法密不可分。

勞倫斯「大幻滅」的日子

但無論如何，「大英帝國的本能」超乎勞倫斯和艾倫比的想像，極為執拗，也具有衰退期的大國所特有的狡詐與盲目衝動所驅使的特質。當勞倫斯率領阿拉伯軍團搶先越過敘利亞沙漠前往大馬士革途中，倫敦的勞合．喬治內閣外交大臣貝爾福寄出信函給羅斯柴爾德男爵，承諾戰後在巴勒斯坦建設猶太人的國家（Homeland）。這個後世稱為「貝爾福宣言」的承諾，是為了順利向英美的猶太人金融家調度不可或缺的戰爭費用所需。

但在此同時，認為不能任由想追求實質獨立的阿拉伯在戰後中東建立統一國家的貝爾福，同時主張建設猶太人的國家，是符合英國對於戰後更穩固「維持帝國」這個構想的選擇。將廣大的中東全境納入帝國新版圖，這個迷人的目的更包含「石油」和「印度」兩大吸引力。但若使阿拉伯獨立，將失去蘇伊士運河以及波斯灣，和伊拉克北部摩蘇爾地區的油田。而最重要的是，如果出現阿拉伯人的穆斯林獨立國家，帝國將難以控制「印度教徒與穆斯林爭執不下的印度」。

與法國之間關於分割中東的「賽克斯—皮科協定」，以及承諾阿拉伯統一國家的「麥克馬洪通訊」，和鼓勵猶太人在巴勒斯坦建國的「貝爾福宣言」，英國在這三個互相矛盾的「承諾」中迎來了第一次世界大戰的結束。這個「三頭馬車」涵蓋了十字軍以來「中東統治的確立」與「石油」以及「印度」，也就是帝國的「答案」。

而英國的作法，都出自於貝爾福與邱吉爾以及逐漸成為「權力祭司」的勞合．喬治等領導人維持帝國的執著。同時在本身缺乏力量的狀況下試圖維持優勢時，自然充滿許多矛盾，使得這些承諾互相抵銷，意義全失。此時經常可以看到這種以此掌握主導權的盎格魯．撒克遜民族特有的行動模式。

但其中仍傾向濃厚的衰退期帝國特有精神色彩，成為所謂「日薄西山的不道德」。或許可說是勞合．喬治這個「平民」政治家會出現的，空虛而幾乎不具紳士理想的作法。至少與以雄厚實力與道德感處事的維多利亞時代既相似又不同的「帝國精神」已經明顯衰退。而大量陣亡所造成「帝國的心神喪失」與俄羅斯革命及國際聯盟所欲營造的「美麗新世界」等，或許可說就是反映帝國衰退重心的事件。

一九一九年，巴黎凡爾賽和會上，與費薩爾一同出席，穿著阿拉伯服裝在各個會議室間奔走的勞倫斯，終於迎接了「重大幻滅」。同時，從印度出征的十萬英屬印度軍隊，從波斯灣的科威特登陸，沿著伊拉克平原北上，佔領巴格達，繼續北上佔領了原與法國約定不侵犯的吉爾庫克、摩蘇爾等豐富油田地帶，雖然人員犧牲甚多，但仍花了數年佔領波斯灣與伊拉克全域。

至此，「阿拉伯獨立」已成泡影。

「勞倫斯叛亂」被阻絕在在帝國厚重的岩層前。離開「幻滅的巴黎」的勞倫斯，只能回到牛津大學萬靈學院擔任研究員（Fellow），繼續考古學研究。但曾經在染血的沙漠戰場征戰過，又受過虛偽而不道德的國際會議場洗禮的勞倫斯，當然再也無法回到戰前那個單純的學者氣質。

儘管勞倫斯總是一副憂鬱而空虛的表情，但他當然不可能就此從政壇消失。此時國王喬治五世因他戰時的功勳而表示要特別接見他，並破格頒發「巴斯勳章」(Most Honourable Order of the Bath)給他時，勞倫斯當下堅辭不受。對於邱吉爾指責他的「不敬」，勞倫斯如此回應：

「我所能做的，充其量只有讓國家最高領導人認識到，遵守對阿拉伯人的約定，關乎英國在歷史上的名譽。國王有義務得知以他之名而行的所有事，而除此之外也沒有其他方法令其得知。」

曾指責勞倫斯「不敬」的邱吉爾，也深愛這個充滿傳奇的「沙漠英雄」勞倫斯的廉潔。在這一點上，邱吉爾不同於缺乏高潔情感的勞合．喬治，或許可說仍屬於一個「紳士」。

兩人在數年後再相見，邱吉爾為了「英國的榮譽」；勞倫斯為了與「阿拉伯的約定」，有了再度攜手合作的機會。而得知兩人想法各有不同的艾倫比，也用盡畢生精力再度躍上歷史舞台，為了恢復帝國的國力與道德而與兩人合作。

覺醒的印度

因為德國敗戰而失去強敵的大英帝國，表面上看來似乎更強了，卻顯現出「強大而無力」的狀態。

一九一九年三月埃及所發生的反英暴動，其實在戰前就已經出現明顯不尋常的蠢動。而現在則發生了明確反對帝國統治權力與權威的行動。似乎與同一時期發生於朝鮮的「三一運動」異曲同工。至少在統治者方看來，這兩場叛變事件都有一種「為何是現在」的出其不意。

但更大的共同點是，若對歷史趨勢的變化稍加注意，便不覺得這是「出其不意」的叛變。看到次年四月，印度旁遮普（Punjab）地區所發生的叛變急速擴大，遠超過印度統治單位預料的情勢，令人想起六十年前的「印度土兵」（Sepoy）叛變以來，「大動亂的季節」又將來臨。

在此動亂之中，一九一九年四月在北印度的阿姆利則（Amritsar）發生英軍對數千名手無寸鐵的印度人展開大屠殺的事件——「阿姆利則大屠殺」（英國官方數字為三百七十九人死亡，一千五百人受傷）——為帝國留下了史無前例的，冷血而殘暴的一大污點。更重要的是，此一事件造成印度民眾群情激憤，於是釀成了追求從英國「完全獨立」的近代印度獨立運動——也就是甘地與尼赫魯的時代——揭開序幕。二十八年後開花結果的印度獨立運動可說始於「阿姆利則」，而英國失去印度的過程，也就是帝國真正沒落的過程。

大英帝國的生命，分別由以下代表帝國「光明面」與「黑暗面」的三點來支撐。

第一，七百年來，只仰賴露骨的蠻力統治異族的最古老殖民地愛爾蘭，可代表大英帝國典型的「黑暗面」，或是最不光彩的一面。

第二是加拿大、澳洲、紐西蘭、南非等代表性的白人殖民地（或自治區），這明顯地屬於帝國的「光明面」。

第三則是武力與文明、權威與溫情交錯進行統治，同時是英國的財富，以及帝國國力最大泉源之處，交會著帝國的「光明」與「黑暗」之處，就是印度。

而印度不僅是「帝國皇冠上的寶石」，更如其名是「帝國的生命線」。年僅三十九歲便擔任印度總督的勞合・喬治內閣外交大臣喬治・寇松（George Curzon）曾說：「帝國與印度，印度與帝國，兩者是一體的」，並敘述印度對帝國的絕對重要性如下：

「只要我們繼續統治印度，我們就可以繼續是世界最大的強國。但若失去印度，英國恐將淪為三流的小國。且若失去印度，其他的殖民地也將失去價值。」

第一次世界大戰中，英國出征軍人達三百九十萬人，其中從印度動員了一百五十萬人，並將一百一十萬印度籍官兵派往海外戰線。且經費完全由印度負擔（即英國殖民政府對印度人所課徵的稅收）。若無印度的犧牲，無法為英國帶來勝利。

而印度至今終於從數百年的沈睡中醒來而開始啟動。帝國「開始走向終結」，可說就烙印於「阿姆利則」這個地方。

英國跨越了「勞倫斯的幻滅」與「艾倫比的迷惘」，而突然積極想要控制中東，就是為了「通往印度之道」。

在十九世紀的「非正式帝國」（雖未正式加入大英帝國版圖，但由於英國的強大經濟力量與優勢軍力，許多獨立國家實質上加入大英帝國勢力範圍的狀態）時代，原本以英國的財力與權威，無須特別勞師動眾即可確保的「通往印度之道」，對於大戰後失去經濟與軍事優越地位的英國而言，只能靠併吞或直接統治的方式來確保。

但當英國毫不猶豫地佔領中東時，卻又面臨重要的印度在歷史上脫離英國。當一個衰退的帝國，不從國內奠定復甦的基礎，卻以霸權手法向外追求復甦之道時，帝國的所作所為將不但無助於復甦，甚至將更為加速衰退與沒落。

區域紛爭的波瀾

在阿姆利則槍聲不歇的一九一九年四月，猶太人因「貝爾福宣言」而陸續進駐巴勒斯坦時，發生了猶太人與阿拉伯人的第一次武力衝突。也就是延續至今的「巴勒斯坦紛爭」的開端。在二次大戰後將處理紛爭的責任「交棒」給聯合國與美國為止，都以國際聯盟「委任統治」的名義隸屬大英帝國版圖的巴勒斯坦，矗立著許多無端捲入衝突而客死異鄉的英軍墳墓。而在一九一九年五月。因阿富汗衝突緊急派遣英軍前往平亂時，伊拉克又發生了嚴重的動亂。

「無法治理的土地伊拉克」（Ungovernable Iraq）是此後許多英國人的感嘆。對於此地第一場大規模反英動亂事件，使得英國的財政負擔甚至遠超過一次大戰時全中東的作戰費用。

同時在一九一九年結束前，失去愛爾蘭的態勢逐漸明朗。過去在帝國之內享有自治權的愛爾蘭，卻從這一年起明確轉為「否定英國王權」與「完全獨立」，關鍵就在於「屠殺」事件。

大戰中，發生於都柏林的「復活節起義」（一九一六年四月）時，為了鎮壓叛亂，由勞合．喬治派遣「黑與褐暗殺隊」（Black and Tangs）這支特殊部隊屠殺愛爾蘭獨立運動支持者，使許多愛爾蘭人自此認為非切斷與英國所有牽連不可。

大戰獲得光榮勝利的英國，一下子面臨遍地開花的「區域紛爭」所阻礙。現在的問題已不是「帝國能否維持」，而是「還能維持多久」。

這樣的事態乍看之下，為了延續帝國命脈，只能選擇「放手」。但霸權國家的宿命就是一旦放手，就等於全面崩盤。因此在考慮「何時放手到什麼程度」與「該如何放手」後，就成為帝國的世界戰略中心課題。而在此出現了「綏靖」的新概念。

一九二二年，擔任埃及總督的艾倫比看到叛亂的氣焰難息，只好不甘願地向倫敦方面「辭職」，讓埃及「自治獨立」。同樣在邱吉爾請託下在殖民省中東局任職的勞倫斯，為了鎮壓反英動亂正盛的伊拉克與約旦，只好由舊友費薩爾及其兄弟在形式上繼承王位，以進行延續帝國生命所需的「綏靖」政策。

對勞倫斯而言，雖然比當初較晚才補救了凡爾賽條約中「英國的背信」，而與費薩爾一起履行「阿拉伯獨立」的約定。但此後勞倫思逐漸明白國際聯盟的「委任統治」這個像「無花果葉」一般，沒有實權，虛有其表的王位，目的是讓阿拉伯人較易接受大英帝國對中東的統治。

當時，雖然帝國已認識到本身對應其他勢力的缺乏效率與自己的無力，但無法斷然放手的衰退帝國仍展現「對統治的執著」，這種精神構造才是大英帝國新的「媾和」政策的來源。第一次大戰後，英國的媾和政策變為維持帝國殖民地統治的手段，也逐漸滲透到對本國週邊歐洲各國的政策之中（過去的「媾和」傳統，參照前述甘迺迪論文）。

再次對「帝國的狡猾」大失所望的勞倫斯，此後銷聲匿跡。十三年後（一九三五年），傳來「阿拉伯的勞倫斯」因摩托車事故身亡的消息時，英國正因對中東狡猾的「媾和」政策，使貪戀著帝國復甦大夢的英國面臨存亡危機。為了延續帝國這個頹廢的目的而生的「媾和政策」成為一種「時代精神」，控制了英國人的心，也為本國週邊招致存亡威脅。

對於希特勒的要求不斷妥協，只能討論「妥協到什麼程度」。引起「勞倫斯的幻滅」的「不道德的帝國」，也導致了「慕尼黑危機」。

第十一章

「不列顛戰役」到全面停戰

「我只能用一句話回答，那就是『勝利』（Victory）。不計代價的勝利。（Victory at all cost.）克服所有恐懼，無論道路再長再困難，我們的目標就只有勝利而已。」

——溫斯頓・邱吉爾

「最好的時光」與「最後的時光」

一九四〇年六月，巴黎被納粹德軍攻陷當天，邱吉爾在下議院發表「最後勝利」的演講，曾經如此疾呼：

「如果大英帝國還能持續千年，我們要讓後世都稱讚『此刻正是帝國最好的時光』。」

這些話最後成真了。英國獲得「最後的勝利」，一九四〇年，英國人萬眾一心對抗敵人的英勇歲月，的確是帝國「最好的時光」。但帝國卻沒有等到往後的「一千年」，不到十年，就消失在歷史洪流之中。

從今日的眼光來看大英帝國與二次大戰，並思考邱吉爾在當時所扮演的角色時，或許他的話像是一種「命運之聲」。

包括邱吉爾在內，幾乎沒有人能預測到「最好的時光」將成為「最後的時光」。儘管如此，這句話遠超過邱吉爾所意識到的範疇，似乎在這句話的深處，有著帝國對日漸逼近的「滅亡」所抱持的「放棄」般的獨白。但他們需要更長的歲月才能確實感受到這些。這就是大英帝國衰退與崩解的歷史上最為沈痛的一段。

一九六五年一月，陰沉而寒冷的倫敦市中心史特蘭街的大馬路上，由海軍砲車載著一具靈柩到聖保羅大教堂。當天，大約有三十萬名倫敦市民前來瞻仰邱吉爾這位救國英雄的最後一程。

聖詹姆士公園響起了皇家儀隊的禮砲。儘管有國王不出席臣下喪禮的慣例，但女王伊莉莎白二世堅持親自出席，在美國「共和國戰歌」（The Battle Hymn of the Republic）的樂聲中，邱吉爾的靈柩到場。這首表現出遠渡重洋到美國的人們充滿勇氣與道義的讚美歌，除了紀念邱吉爾美國籍的母親外，或許更適合用以表現邱吉爾一生的精神與事蹟。

但邱吉爾精彩而充滿活力的九十年生涯，卻適逢大英帝國的衰退與崩毀，也可說正好遇上了「陰鬱的九十年」。儘管他總是說著「我絕不會成為看著國家垮台的首相」，一生為「帝國的興隆」而奮鬥的他，在生涯的終點也正好見證了帝國畫下句點之時。

當天前來為邱吉爾送行的人們，大都明白了這國家大勢已去。對於這些走過戰爭，當時已過中年的英國人們而言，姑且不論二次大戰時邱吉爾擔任首相，承擔國運之時，早在他們懂事前，就擔任如海軍大臣、財務大臣、殖民大臣等幾乎所有國家要職的邱吉爾，他的溘然長逝就如六十多年前維多利亞女王駕崩時一般，象徵了另一個「大時代的結束」。

但對於帝國的命運而言卻遠超乎於此。美國歷史家雷蒙・卡拉漢便評為，這是帝國的「完全結束」（Full stop）（R. A. Callaham, Churchill: Retreat from Empire, 1984, pp.267-68）

生於一八七四年的邱吉爾，生涯前四十年正逢逐漸開始意識到「衰退」的帝國，用盡各種方法試圖振衰起敝，力求復甦的時期。而一九一四年是帝國還可能復甦的最後一年。其實一次大戰爆發的這一年，也是大家相信歐洲文明具有光明燦爛未來的「十九世紀」的最後一年。（英國歷史學家艾瑞克·霍布斯邦（Eric Hobsbawm）將一九一四年定為「十九世紀」的結束。《20世紀的歷史——極端的年代》上，三省堂，一九九六年）。

而邱吉爾生涯後半的五十年，經過一次大戰、二次大戰，帝國衰退已是無可遏抑的趨勢，也是許多英國人面對此一困境，為了帝國的存續而與許多矛盾搏鬥的半個世紀。

而邱吉爾生涯的後五十年，正好可以分成兩個時期各二十五年。而分界點自然在於他擔任首相，站在對抗納粹德國風頭浪尖之上的「命運之年」，也就是一九四〇年。

一次大戰開戰到一九四〇年之間的二十五年，英國在日漸衰退的陰影之下，卻處於總能懸崖勒馬，勉強維持霸權大國地位的時期。如前述（第三章），石井菊次郎認為大英帝國的未來仍然穩固就是在這個時期。即使無法達到「復甦」的程度，卻並非沒有能夠抑制衰退的機會，此時也是最後一個這樣的時期。

但一九四〇年之後的二十五年，卻是數度證明抑制衰退的可能性已然消失的時期。邱吉爾在去世前十年，也就是一九五五年實質退出政界，在這十年之中繼任的首相艾登與麥克米倫領導下，幾乎從所有僅存的亞、非殖民地退出。而邱吉爾逝世的六〇年代，帝國可說幾乎已經「清算」完成。

這意味著六〇年代的英國已經告別了「苦惱的二十世紀」，邁向「只是歐洲的一員」，相隔數百年之後開始走向「脫亞入歐的二十一世紀」。數百年前，離開歐洲大陸橫越大西洋，又朝向印度而去，從「脫歐」展開的近代英國，也就是大英帝國的軌跡，或許可說以再度回歸歐洲，也就是「入歐」結束帝國生涯。邱吉爾死後七年，英國正式加盟了以EC（歐洲共同體）為名的「歐洲」。

著名的英國評論家保羅·約翰遜表示，清算完竣之後的六〇年代，結束了「苦惱與屈辱的半世紀」，反而變得輕鬆無負擔，豁然開朗。（Paul Johnson, A History of the English People, rev. ed., 1985, pp.409-10）

歷史學家泰勒雖寫了一篇專欄〈爸爸，邱吉爾是誰？〉，在已經變成「披頭四的英國」這個國家的國民意識已經逐漸與邱吉爾或大英帝國漸行漸遠，因此已經打下一個「全面停滯」（Full stop）的大休止符。

大戰所帶來「豁然開朗」的氣氛

英國儘管具有史上最大的帝國版圖，但在英國本國，從人們在飄著冰霰的寒風中，排隊領取失業救濟金的一九三〇年代大恐慌時期，到昏暗的瓦斯街燈下，獨自抱著郵筒，在幽暗夜路中走向軍營接受應召的四〇年代，英國人的記憶，總是充滿了「悲慘」的氣氛。

但這個只能懸崖勒馬，很勉強地維持霸權大國地位的帝國，可說是正在「拼命適應」的對策中摸索著。因此，此時英國國民是除了物質上擁有「帝國的恩賜」外，更深切感受到「帝國的驕傲」與「大國的喜悅」的時期。

「走在鄉間的小路上，
麥田旁若有小小的農家，
英格蘭就永遠在那裡。」

這是二次大戰出征的兵士經常喜歡哼唱的歌曲。一方面讓他們在遠離故鄉的戰地，想起英國閒適的田園景色，有助於鼓舞他們的士氣。另一方面，也是從那「鄉間小路」來到遙遠的戰地努力奮戰之中，歌頌著自己與「帝國的驕傲」的一種愛國歌曲。他們是與邱吉爾共享「帝國驕傲」的最後一代。

這最後的「努力」與「披頭四的英國」之間，的確存在著「帝國的全面停滯」。但這個句點是在何時畫下，又是如何畫下的呢？思及於此，首先浮現腦海的，就是那「命運的一九四〇年夏天」。

對英國而言，二次大戰整個過程都是一場「奇妙的戰爭」，因為英國呈現一種其他交戰國家所看不到的「開朗」氣氛。原因之一是二次大戰中對自由與和平的威脅，「萬惡的根源」納粹德國，以及對軍國日本履行「正當聖戰」的全民共識——包括一次大戰中，對協助「英國的戰爭」不太情願的加拿大、澳洲國民都普遍具有的「帝國全民共識」——廣泛存在，是「開朗氣氛」的原因所在，不同於一次大戰之處，在於多數國民明確得知「為何而戰」。

第二則是「敦克爾克奇蹟」與「榮耀的不列顛戰役」，以及背對著蘇伊士，獨力擊退隆美爾所率領德國裝甲師，有如「英國的史達林格勒」史詩般的「第一次阿拉曼勝利」（First of El Alamein）。然後與美軍並肩作戰直攻柏林的「諾曼第登陸」，有許多英雄場景構成了許多「抵抗與勝利」的著名事件。

最後一點，則是在苦於衰退的陰影日漸擴大下，仍苦心維持住這個帝國，毅然決然告別在許多選擇之中盡力求取平衡，在「左顧右盼」之中面對各種「帝國矛盾」的日子，為這場大戰帶來只朝著「勝利」這個目標勇往直前的「破釜沈舟」般的勇氣。三〇年代末，摸索著試圖與希特勒妥協的「綏靖政策」，的確是為了避免戰爭的「軟弱」精神所致，但更來自許多英國人內心所渴望維持帝國的「深思」，以及老謀深算的「和平策略」。而大戰的爆發則意味著告別「思慮」、「左支右絀」的日子，以及「朝著大義邁進」。

這一面正好與日本人從大正時代的閉塞，到三〇年代為大陸的泥沼戰所苦時，突然傳來「在珍珠港毅然開戰」的消息時，那「豁然開朗」的感覺相似。也就是說，完全無須顧慮被後世形容成「邪惡的侵略者」，強調應該以「奮戰態勢」應對的「慕尼黑教訓」，確實強調著不惜與「惡」的一方對決的精神「韌性」，而另一面則是強調「拋棄一切」，為信念而戰這種心理上「放手一搏」這種快感的欲望。

在現實狀況的諸多約束與利害算計中，決定為了理念不計利害得失，避開一些「無可迴避的矛盾」這樣的態度，都需要國家舵手心中的信念方能達成。是非善惡姑且不論，只是想要為國家帶來「最好的（一小段）時光」。

因為溫斯頓·邱吉爾這個人物的出現，使大英帝國在二次大戰中這種「開朗」、「放手一搏」的氣氛凝聚成「命運的一九四〇年夏季」。

我們絕不投降

當年五月十日，集結於西部國境，多達一百三十七個師的德國大軍，來勢洶洶地攻向法國、比利時境內。繞過法軍建築在德法國境的要塞「馬奇諾防線」，由海因茨·古德林（Heinz Guderian）與隆美爾指揮的德國戰車團，穿越阿登高原(英語Ardennen，法語Ardenne)到了英法聯軍背後，又直攻英法海峽邊的加萊。而約三十萬人的英國歐陸派遣軍，僅在一週之內就被逼到加萊以北的敦克爾克沙灘。倫敦方面，海軍司令部向上級報告，當時在陸、空聯合包圍之下，英軍要撤退「幾乎不可能」。而巴黎被攻陷與法國投降的局勢日漸明朗。

但「被逼到牆角」的時候，卻才能真正激發英國國民的「抵抗精神」。兩週前，在首相邱吉爾的指導下，以「發電機作戰」之名，冒死進行敦克爾克大撤退，透過BBC的廣播，包括遊艇在內的大批民間小艇船主回應了海軍司令部的號召，冒著被德軍空襲的危險，到最前線敦克爾克去營救英軍。

在營造這個國民危機意識與英雄自我犧牲的「劇情」之下，敦克爾克大撤退奇蹟似地成功。由於動員許多民間船隻，被包圍的約三十三萬英法兵士幾乎都平安地撤回英國本土，成為一場奇蹟似的「戰功」。

由於這個功績太過偉大，直至今日仍有人認為是希特勒為了不全面阻絕對英和平之道，因此對原本可以全面殲滅的敦克爾克英軍手下留情。

但這次的成功喚回了英國人繼續奮戰的決心。國王喬治六世看到「敦克爾克的奇蹟」，在日記中寫下：「我們終於找回自己，可以打一場『我們的戰役』。」

敦克爾克大撤退結束後的六月初，一個清爽而晴朗的初夏，邱吉爾透過BBC廣播做了以下喊話：

「我們要在海岸、海灘上、田園中、大街上、丘陵上，所有地方繼續奮戰！我們絕不投降！」

當時「酸甜苦辣都嘗過」的五十四歲評論家哈羅德・尼克爾森（Harold Nicolson）聽到邱吉爾的廣播，將他的感動如此寫在日記中：

「（邱吉爾）演講後，播音員重複的那些話都響徹我靈魂深處，使我感動不已。」

而在敦克爾克順利生還回國的一位年輕士兵，也如此記錄當時的感動：

「我們的部隊在通往敦克爾克的路上遭到納粹痛擊，生還者只能丟棄所有裝備和行李搭上小船。甚至有人連軍靴都丟了。到了多佛港上岸後，當時的恐怖仍使我毛骨悚然。接著我每晚都夢到德國戰車接近的聲音。但就在此時聽到邱吉爾的廣播，聽到「我們絕不投降」這句話時，我頓時潸然淚下……勇敢面對德國戰車！我們一定會獲勝！」

這是「帝國最好的時光（瞬間）」來臨了。

繼敦克爾克之後，英國空戰「不列顛戰役」為二次大戰再添一筆榮耀的英雄事蹟。英格蘭八月的蔚藍天空中，英國只以少數的「旋風」、「噴火」戰鬥機，迎戰如雲霞般襲來的大批德國軍機，只能說是一場英雄般的戰鬥。

德國空軍（Luftwaffe）的暴風式空襲，從一九四〇年夏季起持續了三個月。倫敦市民每晚都必須躲進防空壕，或是地鐵隧道內。但人們可以互相分享苦惱，開始過著生氣勃勃的日子。打破了許多人對於空襲「打擊士氣」的預估，迎接了「帝國最好的時光」。

到了九月。英國戰鬥機部隊的英勇奮戰似乎終於遏止了德國的猛攻時，邱吉爾表示：「人類歷史上，找不到這麼多人欠這麼少的人欠這麼多的例子」，再度做出了感動人心的演說。

「最壞的日子結束了。我們要繼續奮戰。」這個信念傳遍全英國。雖說「敦克爾克」到「不列顛戰役」這個「一九四〇年夏季」之戰，說穿了都只是存亡危機中，死守國家最後一線之戰，但英國人在此過程中產生的「高昂鬥志」，對之後的戰役，甚至大英帝國的命運都有決定性的影響。

虛幻的贏家

四年後的一九四五年五月，阿爾卑斯山以南的德國百萬大軍全部隊，都表示向南歐戰區聯軍總指揮官——英國將軍哈羅德．亞歷山大（Harold Alexander）（在第一次大戰中的索姆河戰役生還）投降。三天後，西北歐分屬陸、海、空軍各軍種的德軍，也悉數向英國將軍伯納德．蒙哥馬利（經歷過伊普爾戰爭）投降。同時在緬甸仰光，日軍也向威廉．詩利姆將軍（加里波利之戰的生還者）所指揮的英國第十八軍投降。這是英國史無前例的在戰爭中擔任先鋒，成為「勝利的主角」。

自古以來，英國在多場戰役中獲勝，但其中除了海戰外，都不是先鋒，通常只透過同盟關係或提供經費，以求「盟國」的團結，只在關鍵時刻之中投入少數精銳部隊加入陸上戰鬥，以確保身為「勝方的一員」地位。

的確，在第一次世界大戰中，英國難得地在歐洲大陸參與主要戰鬥，接受敵方全軍投降——也就是在戰爭中正面攻擊敵方——的立場，也慎重地讓給法軍。且由於一次大戰中英軍大量犧牲（當然比法軍少）的記憶，使「絕不要再發生同樣的事——陸戰的大量陣亡」的反省在戰爭期的英國生根。

但二次大戰的狀況完全不同。的確，在蒙哥馬利和亞歷山大之上，有美國艾森豪將軍在形式上保有「盟軍最高司令」的地位，但除了對日戰爭外，美國在二次大戰中的貢獻與扮演的角色，都不如英國重要。

因此在戰爭結束時，許多英國人仍無法理解自己國家的立場。與美、蘇並列「三大國的一員」這個幻想，在戰後仍繼續深植於英國人腦海中，但思及逐漸崩解的國力，卻更令人感到沈痛。

從這一點來看，二次大戰對英國而言或許比日本、德國更為悲慘。在人民與國家的不幸之中，抱著過去的幻影活下去，結果一直被慢性的「病魔」所折磨的痛苦非同小可。尤其在不知不覺中，國家漸漸失去活力，或許也可說是一場慘痛的悲劇。

一九四五年五月八日，邱吉爾向下議院報告「德國無條件投降」的消息，在歡呼聲中奔向白金漢宮，下午五點過後，邱吉爾與國王喬治六世伉儷，以及伊莉莎白、瑪格莉特公主同時現身在宮殿陽台，在盛大的歡呼聲中發表對德勝利演說。

但這已經不是「帝國最好的一天」。

邱吉爾在數週後的大選中落敗，被迫交出政權。在大戰中支持英國人生活的美國租借法案（Lend-lease）（有時被翻譯成不太適當的「出借武器」）也中斷。對英國而言，購入糧食經費不足的狀況比缺乏軍火更嚴重。

帝國已瀕臨破產，而根源卻在於那「一九四〇年夏天」。

「不列顛戰役」中翱翔英格蘭天際的「旋風」與「噴火」戰鬥機，主要零件與機槍都仰賴進口，引擎與機體大部分也都由進口機具製造。

而當一九四〇年九月，邱吉爾做了鼓舞這場英勇空戰（不列顛戰役）勝利的演說時，英國財政部與英格蘭銀行在當年年底則向內閣報告，外匯存底已幾乎見底。

即便如此，當然無法立刻停戰。甚至國民的抵抗精神反而更加昂揚。

選擇失誤的邱吉爾

歐陸大敗之後，雖然勉強躲過德軍登陸不列顛列島的浩劫，但問題在於今後如何繼續奮戰，如何在維持國力均衡之下以「何種戰爭」獲得最後勝利。戰爭的走向也關乎戰後帝國的命運。且其實這一點之中才潛藏著一九二〇年代以來，英國領導者們苦惱不已的「帝國矛盾」的真正癥結所在。

但此一方向早在數月前，下議院選出邱吉爾擔任首相時即已定調。

一九四〇年五月，邱吉爾擔任首相後的第一場演說，或許當時沒有明確感受，但有將帝國的命運封鎖起來的意義存在。

「大家都在問，我們對戰爭採取的政策，我在這裡答覆各位。那就是無論在陸、海、空，我們都要盡全力，並且以上帝賜給我們的勇氣努力奮戰，傾盡全力抵抗那人類犯罪史上所未見的卑劣而暴虐至極的攻擊，這就是我們的政策。也許很多人又想問，我們的目標是什麼，我只能用一句話回答，那就是「勝利」（Victory）。不計代價的勝利。（Victory at all cost.）克服所有恐懼，無論道路再長再困難，我們的目標就只有勝利而已。」

其實在當時，甚至是「不列顛戰役」之後，大英帝國都仍有選擇其他「戰法」的可能性。也就是在擊退對英國本土最大威脅之後，評估能維持英國經濟資源，以及長期存續基礎的戰爭型態，在所需的戰鬥與投入的資源間——尤其是透過出口勉強獲取一些外匯來支撐財政——追求最佳的平衡。

的確，那表示縮小對德抗戰的規模，或許將使抵達勝利的路途比較遠。但是，可以在這樣的環境下繼續戰鬥，等待敵方的疲弊或其他大國參戰，這才是過去在許多戰爭中獲勝的「大英帝國作風」。而且在邱吉爾上任前，政府與軍方大致都以這樣的作戰策略為大前提，如果歐陸作戰大敗，就策劃如「不列顛戰役」的狀況，改變優先順序，提升戰鬥機與雷達水準，設法勉力挽救英國。

但這種戰略對邱吉爾而言，似乎與他過去所參加在三〇年代戰爭中的「綏靖政策」與「對希特勒之和平」路線有所不同。邱吉爾採取的是在敦克爾克大撤退後，不管希望對英和平的納粹德國如何應對，都選擇超越大英帝國經濟面——以及軍事面——能力與資源，大幅超乎過去所預期規模的對德全面戰爭。

根據歷史學家克雷利・巴內特（Correlli Barnett）的研究，那是第一次世界大戰末期，由興登堡（Paul Hindenburg）與魯登道夫（Erich Ludendorff）領導下德國所做的選擇（C.Barrnett, op.cit.），也就是冒著國家經濟為主的力量徹底崩盤的風險，在短期間內將龐大國家資源投入軍事活動之中。

既然國家之所以為國家，即使發生大戰，對於「不計代價求勝」這個選擇應該審慎評估，並極力避免。動搖國本（且在不知不覺中）而獲致勝利，對國家而言可能比敗戰更危險，這是西班牙等大國衰亡史帶給我們的教訓。

打什麼樣的戰爭，迎接什麼樣的戰後，並且對自己國家的地位有何種構想，在過去數百年間，都是帝國領導者的首要任務。如果一九四〇年夏天，邱吉爾的「決心」——「不計代價求勝」這個選擇——是可行的，那麼一九三〇年代釀成大戰的過程中，許多帝國領導者所經歷的苦悶，以及形成「綏靖政策」原因之一的「帝國的矛盾」，是否是庸人自擾？

失去亞洲的日子

一九三四年，財政部次長華倫・費雪（Sir. Warren Fisher）在內閣防衛檢討委員會上表示：「（若開戰）不僅是糧食，連原料都必須斥資向外國購買。因此如果外匯存底用罄，將沒有國家願意長期在沒有對價關係的狀況下援助我國。」張伯倫內閣的國防調整大臣湯瑪士・英斯吉普（Thomas Inskip）也表示：「如果真的希望在戰爭中獲勝，在開戰時我們就必須具備能將外國的資源自由運用在戰爭中的經濟實力。健全的經濟基礎才是國防的核心，如果缺乏這個陸、海、空三軍以外不可或缺的「第四軍」，軍事上的勝利也毫無意義。」

一九三八年九月，對張伯倫內閣決定走向慕尼黑會談影響最大的，是帝國國防委員會事務局長賀士汀斯・伊士梅（Hastings Ismay）的發言：「再過一年，只要再過一年，我們就可以建構勉強能夠防禦開戰時德國空軍那樣暴風般猛攻的防空戰力。」

對邱吉爾等反綏靖派（決戰派）而言，與其冷靜地考慮經濟、軍事等國力基礎，反而更優先於反法西斯的道義、「歐洲權力平衡」的維持等不擇手段的「飛躍的觀念」。

實際上，在慕尼黑會談一年後的一九三九年九月，張伯倫在希特勒進攻波蘭時，毅然宣佈對德宣戰，次年邱吉爾接任時，將英軍戰鬥機的戰力增強十倍，並完成雷達網的設置。若沒有那些吞下「慕尼黑的苦果」的「綏靖派」，忍辱負重充實國力，恐怕就沒有「不列顛戰役」

時邱吉爾令人感動的英姿。

除了鼓勵國民奮起的領導能力外，若沒有他們不畏時代潮流「靜待來日」，韜光養晦涵養國力，國家恐無以為繼。

在許多選擇之中，雖然在「左支右絀」中勉強取得平衡，卻一直盡力不使國力基礎動搖，這些「綏靖派」官僚腳踏實地的領導方式，才是大英帝國悠久生命力與傳統的基礎。因為他們留下的「遺產」，才使邱吉爾能夠在四〇年夏天演出這場「帝國最好的時光」。

但撐過了「開戰風暴」的邱吉爾，面對的是要比國力基礎高出一大截的「魯登道夫的選擇」。

英國接受美國龐大的資金與物資援助，達到戰後難以返還的規模。除了極度擴張軍需生產之外，為達成中東的戰果，對僅有一個師半的德軍，竟派遣配備美製戰車的五十萬大軍，意圖擴大戰線。財政大臣約翰．西蒙（John Simon）曾向對中東戰況忽喜忽憂的邱吉爾表示，繼續下去對美負債將攀升到八億英鎊（戰前英國之國家收支盈餘方面，一九三五年為三千二百萬英鎊），警告無法再繼續依賴美國，而提醒：「我們必須思考如何培養自己的資源了⋯⋯」。

對母親是美國人，也是熱心的盎格魯．撒克遜同盟論者的邱吉爾而言，他國姑且不論，依靠美國不但不擔心，甚至是維護帝國存續的好方法。他認為美國在戰後仍會積極地支援英國。

而邱吉爾在負責對日作戰的軍方首腦建言後的一九四〇年下半年，減少了對遠東地區的軍備，而將戰力集中到與原先的戰爭目標關係不大的中東地區，這個選擇看似已經脫離維持帝國的目的。除了邱吉爾之外，許多人都認為「新加坡」才是帝國的生命線，若失去新加坡，不僅是馬來亞、緬甸，甚至荷屬東印度（今印尼）以及「印度」都將不保。而此時中東究竟對大英帝國有什麼幫助呢？但終其一生主張「死守印度」的邱吉爾，認為遠東地區已是「美國的勢力範圍」，因此「決心」讓給美國，對他而言並不衝突。

對於抱持「沒有美國的參戰，我們將無法獲勝」這個透徹看法的邱吉爾而言，已無法顧及為保衛新加坡而阻止日本的攻擊。

一九四一年三月成立的美國「租借法案」，雖以大規模支援對英軍需為目的，也是邱吉爾「不計代價求勝」戰略的重要支柱。四一年初，英國的國際購買力雖已趨近於零，但對於美國這個「民主國家兵工廠」無須任何保證，亦無後顧之憂，可無限量要求軍需物資的供應。

但是，這當然需要「代償」

「租借法案」規定，英國以適用該法所得物資所生產的所有產品，即使是純英國國產，與適用該法所獲得美國供給之物資「相似」之製品，皆不得自英國出口。美國也決定派員常駐英國監管出口。因此「租借法案」大為削弱了帝國誕生以來英國國力的基礎，也就是靠出口工業產品所培養出的「國家競爭力」。而此一規定也意味著英國必須實質大幅放棄海外市場。因此，戰後英國重新向各地出口面臨很大的困難。

一九四四年，英國出口額已大幅降低到一九三八年的三分之一左右。過去即使在戰爭中，英國的出口也未曾降到如此低的水準。在「諾曼第登陸」成功舉國歡騰的是年六月，英國商務部向內閣提出了一份報告書。

報告書上指出，幾乎任何產業的出口都無法成長，英國的產業競爭力，到戰後仍然無法避免加速下滑的趨勢。也就是即將展開「帝國的全面停滯」。

回到一九四一年，「租借法案」實施後，「珍珠港」戰爭爆發。

聽聞美國參戰當日，邱吉爾確信「最後勝利」必將到來，據說當晚他睡得很好。但由於美國的參戰，使英國失去在亞洲的「帝國生命線」。英軍被俘虜人數高達十三萬五千人，破了紀錄，加上新加坡被攻陷的「世紀大敗」，在英國戰爭史上，是繼一百六十年前美國獨立戰爭中「約克城之恥」後的奇恥大辱。

但其中有更深一層的意義。

邱吉爾相信，即使新加坡暫時被日本奪去，馬來亞、緬甸甚至印度，在「最後勝利」之後「必將收復」。但在日本所提倡「亞洲人的亞洲」口號下無力反撲的英國，即使對日本取得「最後勝利」，戰後英國重返亞洲卻已不可能。亞洲對英國而言，與僅需打倒希特勒即可的歐洲完全不同。

大英帝國無論在本國的工廠，或東方的勢力範圍，都確實逐漸走向「全面停滯」

第十二章

米字旗降下的日子

「數個世紀以來都處於他國統治之下的人們之間，嶄新的自立意識覺醒了。」

——哈洛德・麥克米倫

「見真章」時刻的到來

一九四三年，將北非德軍掃蕩一空的聯軍，在突尼斯郊外舉辦盛大的慶祝遊行。後來擔任首相的哈洛德．麥克米倫擔任英國政府代表，在閱兵台上觀看遊行。

一開始是法軍以分列進行式通過閱兵台前。包括殖民地人民的法軍部隊看來相當華麗而有精神，但法國軍隊向來如此。接著是美軍。美軍官兵看來都很年輕且營養充足，卻是缺乏戰場經驗的「菜鳥軍隊」。但之後閱兵部隊卻暫時中斷，似乎發生了什麼問題，正覺得奇怪的麥克米倫，突然聽到山坡另一邊依稀傳來高亢而悲傷的蘇格蘭風笛聲，然後由龐大軍樂隊領頭，步調緩慢，一個個曬成古銅色，表情昂揚的臉龐，多達一萬四千人的英國官兵終於拖著長長的隊伍通過閱兵台前，消失在沙漠的彼端。

親眼目睹這壯盛軍容之後，麥克米倫在日記上寫下：「我們英軍官兵，才是世界的主角，未來的承先啟後者。」

但這只是個壯美的幻想。英軍的行進，只是展現了帝國雖然壯大，卻終將撤退的宿命。而二十年後，麥克米倫當上英國首相，率領了最後一批隊伍消失在歷史洪流中。

實際上，無論大戰有沒有結束，等著英國的命運就是大英帝國開始從世界上撤退。看著撤退隊伍的許多英國人，就像當年突尼斯的麥克米倫一樣，看到通過眼前的隊伍，卻一直沒有察覺那其實是「撤退」的隊伍。

但是，超乎英國人的主觀意識，那撤退的每一幕都無疑地反射出「帝國落幕」的場面，就像是在突尼斯走過閱兵台的一列列隊伍，帶著為大英帝國三百年霸業劃下句點的莊嚴，也有著強者沒落的悲淒色彩。有時撤退的過程也帶著難堪的屈辱。

以現今的眼光看來，二次大戰結束時，很明顯地帝國氣數將盡，但當時的英國人卻渾然不覺，令人感到不可思議而又沈痛。

大國衰亡史上最明顯的現象，就是當人們意識到衰退時，就會產生超乎常理的「逃避現實」傾向。十七世紀前半，三十年戰爭期的西班牙也處於衰亡的這個階段，而當時國王腓力四世的宰相奧利瓦雷斯時代的西班牙人，他們的意識正好與此時的英國相同。（參照J.H. Elliott, "Managing Decline: Olivares and the Grand Strategy of Imperial Spain" in Paul Kennedy ed., Grand Strategy in War and Peace, 1991）

當時英國國民之間，開始避談「衰退」的真實面貌，並視為禁忌，令人感到不自然。就像一個人意識到他的衰老時，反而不願承認一般。但錯過那「見真章的一刻」時，將面臨更殘忍的破敗。

一九四五年八月十五日日本投降，對大英帝國而言，也意味著「見真章的一刻」到來。美國杜魯門總統在兩天後，就切斷了有如「帝國生命線」般的對英援助法案——「租借法案」。既然戰爭結束了，自是理所當然。但對許多英國人而言，卻感覺是美國的「背信」。

因為在戰爭期間，英國有許多人認為戰後也能夠再持續適用「租借法案」接受美國援助，美國應該也深知若非如此，英國將面臨存亡危機。英國因為二次大戰，使約十一億英鎊的海外資產悉數用罄，戰爭開始時的對外債務是七億六千萬英鎊，戰爭結束時則暴增到三十三億英鎊（開戰前一年的一九三八年，國民所得約為四十六億英鎊。）

為支應糧食等必須的進口，出口量需擴大到戰前的百分之一百八十，是前所未見的規模，其增加的幅度是誰也不可能想像的。因此在日本投降兩天後，「停止租借法案」，對英國而言幾乎可謂青天霹靂。而英國在整場戰爭中幾乎完全受制於美國，對英國來說只能屈辱地不斷拜託華盛頓方面，央求美國的「慈悲」。

也就是說，對英國而言，除了乞求美國能在平時延長「租借法案」的適用，也就是長期鉅額融資以外，經濟上恐將無法負擔。人們認為在大戰中犧牲遠比美國慘烈的英國，如果以戰勝的貢獻而言，對美國如此要求應不算過份。

一九四五年秋天，由財政部顧問的凱因斯領銜開始向美國展開交涉，但美國的態度卻比英國想像中更為強硬。凱因斯原本希望美方能贈與英國六十億美元，或希望至少能無息貸款，但美國僅願貸款三十七億五萬美元，利息百分之二。且美方要求大英帝國殖民地所形成的經濟圈中，取消「帝國特惠關稅」，並開放對美出口作為回報，同時英鎊兌美元匯率也要回到一九三九年當時一英鎊兌換四點三美元的額外高匯率，也就是以「儘早恢復與英鎊的匯率」作為援助條件。上議院的貴族之中，尤其是對帝國維持威信與生存的願望比他人強，出生於加拿大的比佛布魯克男爵（1st Baron Beaverbrook），也對美國的要求強烈不滿。

但是，人們卻覺得「沒有其他選擇餘地」。

四五年十二月，簽訂了共十二條的「英美金融協定」，沒有什麼能比這份協定更能奠定戰後美國在世界經濟上的絕對優勢，以及英美地位的戲劇性翻轉。且因此使「英鎊文化圈」這個以通行英鎊與和帝國的關係而建立起的「經濟圈中的大英帝國」就此崩毀。美國終於開始讓帝國垮台。少數有識之士早在大戰中就已預測到此一結果，但帝國在經濟上的崩毀已成事實。

這整個經過令人印象深刻的是美國要讓「大英帝國崩毀」的驚人壓迫感與戰略性。而以凱因斯為代表的英國領導階層，客觀地思考了英國的困境後，對此卻很宿命地「看開」了。對此意外地淡然處之。

自此亦可看出英國精英對美國毀壞大英帝國的光景，只能像一場夢一般冷眼旁觀的無力感。而更加悲哀的是，英國在如此大的犧牲之下才獲得的「戰後重建」經濟基礎，在英國所處的情勢之下，有如「杯水車薪」。

連鯡魚和馬鈴薯都沒有的生活

一九四七年這一年，不僅是英國戰後史，包括大英帝國走向終結的過程中，都是戲劇性而決定性的一年。那年冬天，二十世紀紀錄中最冷的大寒流襲擊英國，使國民生活陷入嚴重的危機。持續下了一個月以上的雪，使得包括南部沿海在內，整個不列顛群島遭到冰封。所有運輸停擺，電力也中斷，大多數產業無法運作，每天都有許多人凍死的消息。到二月初為止有兩百萬人失業，農作物因大雪導致連根都被凍傷的面積高達九萬英畝。

原本在戰爭結束後，為優先促進出口成長，並維持駐紮於世界各地的許多英國佔領軍，使得戰勝後維持帝國的經費反而增加。因此戰後英國民眾的生活仍維持著嚴格的非常時期管制狀態，衣物、糧食、燃料等許多用品仍然維持配給制。

且物資管制到了一九四六年反而更加嚴酷。戰爭期還可以自由販售的麵包，到了四六年七月反而變成配給制，並持續了三年。到餐廳用餐最多只能點三道，麵包也算一道。也就是說，點了湯和麵包，再吃了主餐之後，就不可能再點甜點。

還能吃到用「鯨魚排」代替肉還算是好的（其實當時英國鯨魚肉的消費量大增，捕鯨成了英國的生命線！）四八年夏季，南非出現一種口味奇特的「梭魚」罐頭（Snook），這個悲慘的時代記憶還留在許多人腦海中。成人一週的配給量是奶油六盎司，起士一點五盎司，還有一顆雞蛋。戰後蘇格蘭威士忌幾乎都出口到美國，在英國街頭幾乎買不到。四六年以後，在戰爭中已經灌水的啤酒和英國苦啤酒，在當時又被指示要加百分之十的水。

持外幣到海外也受到極大限制，所以戰後大多數人幾乎沒有機會出國，因事必須赴法國或義大利的英國人，發現那裡幾乎不需要配給，大家幾乎都回到了戰前的生活，酒也可以隨意飲用的情景，都驚訝不已。也開始因為只有英國如此清苦而不滿。

的確，四五年七月成立的工黨艾德禮內閣，主張產業國有化，與實施「從搖籃到墳墓」的社會福利政策。這充其量只是意味著以「社會主義」理念，主張一種「貧窮哲學」，使國民更能忍受長期「共享匱乏」的配給生活。

人們將戰後這段時期稱為「耐貧的時代」（austerity）。儘管歌頌著期待已久的勝利與「福利社會」的到來，實際上英國生活水平卻不斷退步。人們對這樣奇特的時代充滿了不滿與困惑。

其他國家所沒有的「帝國」這個包袱，以及即將展開的冷戰，這雙重壓力幾乎把英國壓垮。戰後也沒有大幅減輕的軍事費用負擔，與戰後的長期配給同樣讓民眾感受到難以忍受的不合理，英國人感覺這是一場「打不完的戰爭」。一九四七、四八年左右，餐廳服務員對顧客的抱怨回以「您以為戰爭結束了嗎？」這句充滿埋怨的話引發流行。

一九四六年的軍事費用高達十六億，是戰前（一九三八年）的七倍，到了四七年也達到將近四倍。當然帝國的資產負債表是無法平衡的。

認為大英帝國的作法一直是傾斜的作家喬治・歐威爾（George Orwell）在一九三七年發表以下的文章：

「無論是什麼樣的英國人，沒有一個人不打從心底希望帝國延續下去。各種其他考量姑且不論，我們在本國所享受的高水準生活，都是因為帝國緊握住這些土地才能達成。因此若沒有印度或非洲這些熱帶領土，我們無法如此富足。如果帝國輕易放手，那麼英國將只是一個寒冷的蕞爾島國。我們將只為了賺取一點鯡魚和馬鈴薯而終日辛勞。」（《前往威根碼頭之路》）

但在這餐桌上連鯡魚和馬鈴薯都沒有，只有那奇怪的「梭魚」罐頭和配給麵包的時代，帝國能夠延續的根據在哪裡呢？對許多英國人來說，不僅是必須精打細算，在情感上「帝國」逐漸成了想早日卸下的沈重包袱。而開始訴諸「回來吧！英格蘭」（Come home England!）這個民族魂魄。

但當時又有另一種呼聲不斷迴響。「統治布列塔尼！統治它，越過大海的波浪統治它！」（來自十八世紀初所誕生的帝國頌歌〈Rule Bretagne〉的副歌）。三百年來累積的「帝國本能」不是那麼容易消失的。

在此之後，到「蘇伊士戰爭」遭受重挫為止，這十年之間大英帝國的意識徘徊在「放棄」與「死守」之間。

在這徘徊不定的十年之中，交替呈現了大英帝國數百年來所一直具有的，英國文明的兩種面貌，而構成了許多足以表現出「帝國末路」的戲劇化場面。

荷蘭歷史家赫伊津哈在論及英國國民文化論時，便發現了英國的「兩種面貌」。兼具重視排他性高而虔誠的宗教理念，直接的思維模式與勤勞的倫理，並且在現實生活上以「實際利益」為行動準則的「清教徒」風格，以及重視寬容與廣泛思考，善於妥協，具有恩威並施「美學」的「紳士」性格兩種類型。（前述《林布蘭世紀》七九—八〇頁）

有時以「實際利益」觀點直接盤算成本後選擇了「撤退」，有時又為了保有最後的「尊嚴」而選擇「死守」。有時又因冷戰體制加上帝國走向終點的國際情勢影響，而引發因「清教徒的使命感」而選擇「死守」堅強反共理念，有時又為了寫下「完美結局」，以「紳士美學」演出及早毅然「撤退」的戲碼。在各種想法交錯演出之下，廣袤的大英帝國各地逐漸開始出現撤退的風潮。

「末代印度總督」蒙巴頓

一九四七年三月，英國還覆蓋在大雪之中時，在印度新德里總督官邸壯麗的大門口階梯上，兩位軍人互相握手，那就是剛上任的「末代印度總督」蒙巴頓（Mountbatten）與卸任總督阿奇博爾德．韋維爾（Archibald Wavell）的交接儀式。兩人的交接是帶著惆悵的「衰退」到「撤退」的過程，也有毅然放手後朝向「清算」的雲淡風輕。同時也最能代表強弩之末的帝國，首度出現試圖找回威嚴的顯著象徵。

時年六十三歲的陸軍元帥韋維爾已然衰老，帶著「死守印度」壯志未酬的遺憾，卻又確實展現了過往帝國的偉大。他以桑赫斯特皇家軍事學院候補生身份參加波爾戰爭，在第一次大戰的西部戰線中失去一隻眼睛，但仍擔任中東派遣軍參謀，作為艾倫比的部下與「阿拉伯的勞倫斯」在奪取耶路撒冷聖地戰役中並肩作戰。但韋維爾並不只是一位優秀的軍人，也具有寬闊心胸與豐富學識，具有濃厚的典型「紳士」氣質。不僅具有能夠在劍橋大學講授「戰略論」課程的學識，也是在從印度歸國後，被推為英國文學協會會長的一位詩人。

在身為軍人的戰鬥經歷中，雖然曾經勢如破竹地逼退敵方，但也曾遇到必須退卻的苦戰。在北非遭隆美爾追擊，被迫退出希臘克里特島。在遠東地區也曾連續指揮新加坡、緬甸的撤退戰。但在印度這個帝國的核心，戰後的「撤退」卻極為困難。

日軍攻陷新加坡，毀滅了英國統治印度的「白人優越」神話。與日軍共同高喊「進攻德里」的錢德拉・鮑斯（Chandra Bose）所率領的印度民兵受到印度民眾的熱烈歡迎，對大英帝國在印度兩百年的「統治意志」帶來前所未有的徹底衝擊。日軍迫近緬甸國境的一九四二年八月，波及印度全境的反英大暴動，使世人都看出戰後英國對印度的統治恐怕為期不長。加上美國也同時施壓要求使「印度獨立」。

在最為艱難的狀況下，一九四三年赴印度擔任總督的韋維爾，雖認識到印度人要求獨立的正當性已難以抵擋，只能對戰前給予印度的「賦予自治權」的承諾採取曖昧，又對倫敦方面邱吉爾「死守印度」的耳提面命頭痛不已。

韋維爾經常感嘆：「明明經常高唱著讓印度自由的理想，卻又屢次發出與這個理念背道而馳的命令，真令人難以忍受。」即使以近身肉搏戰勉強擊退進攻印度的日軍，此一狀況仍未改善。

雪上加霜的是，印度人之中原先就已有嚴重矛盾的印度教徒與伊斯蘭教徒之間，此時卻演變成大規模的武力衝突，雙方關係已難以修復。承諾讓印度獨立的道義立場與邱吉爾的「雙重標準」，加上戰後英國的苦境與印度人本身的內亂，使亞洲大陸秩序面臨全面崩潰之際，苦惱不已的韋維爾做出的結論，則是認為既然英國無法為獨立後的印度體制負起責任，那麼只有早日從「混亂」（Chaos）中脫身。

英國的統治體制確實在逐漸崩解。警察疲弊，殖民地精英官僚也個個悵然若失。而帝國搖籃之地的印度，也只是不斷退卻，根本無法滿足帝國對「美學」、「威信」的要求。印度也需要像「敦克爾克的奇蹟」那樣，在千鈞一髮之際將退卻變成「勝利」的「魔法」。

二月二十日，首相艾德禮終於做出決策：「英國政府將在一九四八年六月前『撤出』印度，將政權交還印度」。如此消弭了印度方面的不信任，並為了維持撤退的秩序而訂定明確期限，同時任命四十六歲的蒙巴頓為「末代總督」。這是一個「創造奇蹟的人選」。

大戰後期，擔任東南亞聯軍總司令迫使日軍投降，讓東南亞地區「米字旗」再度飄揚的蒙巴頓，已經像艾森豪、麥克阿瑟一樣成為世界知名的「勝利英雄」。同時他是維多利亞女王的曾孫，具有英國皇族的身份，又是一位相信人類平等超越國境的進步領導者，作為「末代印度總督」為帝國的結局增添光彩，的確是最適當的人選。

既然已經定下明確的獨立期限，英國就沒有立場以「力」服人。但反而以強調本身公正、中立立場的優勢，再以蒙巴頓本身的威信與誠信，加上明確的目的，這樣的「終曲」演出，改變了原先「從混亂中撤退」的狀況。

有一次會晤甘地時，甘地問蒙巴頓可否到總督官邸散步，蒙巴頓回答：「那本來就是你們的，我們是為了把這些還給你們而來的」。蒙巴頓瞬間將「聖雄」甘地變成了「自己人」。同時也能善加操作印度教徒與穆斯林對立的狀況（這就是統治印度三百年的技巧所在，也是最適合「紳士」的角色），巧妙地分割出了印度與巴基斯坦，同時還提前一年，在「一九四七年八月十五日」讓其獨立，是「帝國美學」的美好勝利。

的確，這也可以說是「在此之後的混亂都是印度人要負全責」的巧妙「架構建立」，但維護好秩序讓大英帝國全身而退，就是蒙巴頓的最大使命。

在八月十五日之前的初夏，由孟買港邊壯麗的軍樂隊所演奏的「驪歌」聲中，滿載著英國官兵的運輸艦在親英的印度民眾歡送下，威風凜凜地離港的畫面，也是將窮途末路轉為「勝利」，有如「敦克爾克」般的場景，就是一種「表面上的勝利」。

對帝國而言，以這種風格象徵有秩序的退出極為重要。能夠以如此漂亮的身段下臺，也是「以威信為統治核心」為其本質的大英帝國，在衰退過程之中，一瞬間有如流星般閃耀的光景。

一九四七年八月十五日，大英帝國在印度「降旗」的日子終於來臨。當日八時三十分前，印度全境的米字旗全部降下，英國在印度三百年的統治，就此劃下句點。

永遠降下的米字旗

當然，不是所有的「撤退」的身段都能像在印度這樣漂亮。

同年大英帝國在巴勒斯坦的撤退，就像統治期間一般，一直背負著「悲慘」的陰影。一九一七年，艾倫比麾下的英國中東派遣軍達成十字軍東征以來的「耶路撒冷攻略」之後還不到三十年，卻令人感覺英國的巴勒斯坦統治似乎早已終結。

根據「貝爾福宣言」，英國佔領巴勒斯坦後移入的猶太人與阿拉伯人之間的衝突，因大戰結束而更形激烈。猶太人勢力為了獨立建國，數度展開對英恐怖攻擊，與英軍之間發生了血腥的內戰。

因此，聖城耶路撒冷成了以鐵絲網和沙包圍堵的城市，連日響著槍聲與爆炸聲，探照燈四處掃射，許多白天拉下鐵門的商家和住家之間，英軍的裝甲車穿梭而過的場景，在當時幾成常態。當時「形式上的勝利」或「光榮撤退」已不可得。為保有伊拉克與波斯灣岸的石油利權，對在巴勒斯坦被迫轉向「親阿拉伯」的大英帝國而言，美國和聯合國的「親猶太」立場也對英國統治巴勒斯坦造成一大壓力。

與猶太勢力間的游擊戰使英方疲於應付，加上阿拉伯人不信任與侮辱的眼光，又成為國際輿論批判的對象，在本國尚須配給的狀況下，又為龐大軍事費用等多項支出所苦，在各方面承受著幻滅與屈辱的英國政府，只好在四七年十二月宣布將所有權利交給美國與聯合國而撤出巴勒斯坦。在此三十年前，才宣稱自十字軍東征以來，基督教勢力相隔千年奪回巴勒斯坦，而昂首闊步地進駐耶路撒冷。現在則是「完全放棄」而退出巴勒斯坦全境。

十年後一場更加悲慘的撤退，幾乎可說是使帝國折翼的重大挫折。

過了「撤退之年」的一九四七年之後，帝國整體與英國本國的經濟，緩慢地回升到小康的狀態。失去了印度，也逐漸撤出緬甸與錫蘭（今斯里蘭卡）的「帝國撤退」雖繼續在進行，但仍以共享一個王冠的「Commonwealth」（大英聯邦）這個不甚明確的連結維持帝國的迴光返照與表面型態。但這其實是與帝國似是而非的另一種狀態，英國卻又在此發揮其本能。因為減輕帝國解體錐心之痛最有效的方法，就是自欺欺人。

一九五三年，舉辦了年輕的伊莉莎白女王登基典禮，使英國又產生了見到一絲「希望」的氣勢。登基典禮前兩週，英國登山隊才達成了首次登上世界最高峰聖母峰的壯舉，加上英國製造的世界首批噴射引擎客機哈維蘭彗星型客機正式營運轟動世界，加上與開創帝國盛世的伊莉莎白女王同名的新女王登基，都使部份英國人對於「或許」有機會起死回生寄予厚望。

但帝國四百年歷史告終已是不可抵擋的趨勢。使得此一事實變得有目共睹的是一九五六年的「蘇伊士戰爭」。因此勉強維持的「帝國幻影」終於被打上了休止符。

同年，埃及新總統納瑟宣布要將蘇伊士運河國有化。「蘇伊士」自一八七五年迪斯雷利收購以來，一直成為帝國的生命線，也是支撐英國的世界重大權益，對大英帝國的象徵意義更大於實質效益，尤其在印度獨立後更是如此。

因此自詡為「戰鬥首相」邱吉爾繼任者的艾登首相，決定為奪回運河而出兵埃及。但出兵的決定反而更凸顯了擔憂帝國末路到來的「軟弱」，以及病態的「優柔寡斷」。整體表現出的「沈悶」氣氛本身，就象徵了帝國遠去的事實。

英國由於對一國單獨行動感到躊躇不定，而是先是糾集了因阿爾及利亞獨立運動陷入泥沼，國內也經常處於混亂狀態的法國，同時也把以色列納為盟友。首先由以色列軍越過蘇伊士運河攻擊埃及，再派遣英法軍作為強制介入「衝突」，令其停戰的「多國籍軍隊」到運河地帶。這卻是一種淺薄的「虛構」手法，也是與英國傳統大相徑庭的「軟弱」且「笨拙」的陰謀策略。

從另一面來看，「蘇伊士戰爭」的開戰，在道義上的師出無名也酷似帝國三大挫折中的另兩場戰爭「美國獨立戰爭」與「波爾戰爭」。但當時英國已沒有前兩場戰爭時的實力，道義與政治上的立場更是「薄弱」，因此艾登出兵蘇伊士的行動自是遭到比過去更加悲慘的失敗。

尤其無視美國的意見，只為了守住「帝國主義的權益」，不惜踐踏國際道義，華府對「大英帝國失控」的抗議遠較預期激烈。艾森豪對英國出兵蘇伊士提出明確的警告，甚至表示了向英國施壓要求撤兵的可能性。且蘇聯也同樣批判英國，赫魯雪夫總統甚至威脅將以飛彈攻擊英國本土。

但是美國採用更加恐怖的手段。在紐約市場上拋售英鎊導致大暴跌，成了對「艾登的冒險」最致命的一刀。對於原本倚靠仍相當強勢的英鎊勉強保住大國面子的英國而言，意味著美國雙管齊下，對已是外強中乾的大英帝國下了「撤兵」的最後通牒。結果英國國內對於出兵蘇伊士也意見分歧，即使保守黨反美情緒高漲，英國也只能在百般屈辱中無奈撤兵。

此一事件最大的意義在於向世界宣告，英國已從一個可靠本身力量守住本身利益的「大國」跌落谷底。而「蘇伊士」事件正好強烈地證明英國自印度撤退不到十年，「帝國」就已蕩然無存。

自「西班牙無敵艦隊」來襲以來，一直能夠將本身命運緊緊掌握在自己手中的英國，作為大國的歷史即將劃下句點。

出兵當天，高掛在運河北端塞得港市的米字旗，不過數天光景，就在屈辱之中永遠降下。

十三年前，麥克米倫在突尼斯勝利遊行上所看到大英帝國仍有如「世界主人」的盛況，如今英國人都已明白那只是一場幻夢。

但麥克米倫還有一項任務要完成。

蘇伊士的挫折成為帝國真正「致命傷」的最大原因，在於「英美金融協定」與印度獨立後，英國作為大國的地位，在本質上沒有遇到真正「實力考驗」（Trump call）才能勉強維持的「虛像」或「空殼」。對此一處境不自知，意圖以硬碰硬來「見真章」的艾登，反而是在向世界宣告，帝國已是一具會「見光死」的「毫無生氣的殘骸」。

但若沒有出兵蘇伊士，帝國就能長期保住命脈嗎？誰也無法預料。無論如何，這個「失去最後靈魂的帝國」還剩下一個「解散」或「葬送」的大團圓結局。這個「閉幕典禮」也是一件大事。

因為這個「閉幕典禮」將決定大英帝國在世界史上的地位。至此，已經只能關心大英帝國在「歷史」上將受到何種評價，也就是只在「歷史」的一小部份有其意義。所要求的是在清算過程中注意歷史評價。而且這或許比過去為了維持住帝國而汲汲營營的各種作為更加重要。這個重責大任就壓在艾登下任首相麥克米倫的肩頭。

一九六〇年一月，英國首相麥克米倫啟程前往非洲長時間訪問。而他在行程終點的開普敦所舉行的演講中，正式宣佈「帝國告終」。

「羅馬帝國崩潰後，歐洲開始走向民族國家之路。到了二十世紀，尤其是戰後的今日，起源於歐洲的民族國家潮流已經遍及世界。數個世紀以來都處於他國統治之下的人們之間，嶄新的自立意識覺醒了。」麥克米倫向世界宣告，大英帝國將勇於面對世界「變化的風潮」。

到此，一切告一段落。

亞洲、非洲、中南美剩下的英國殖民地獨立風潮持續進行著。由於英國宣布將積極適應羅馬帝國以來的「變化風潮」，而能確保大英帝國在世界史上的道義地位。

結束訪非行程的麥克米倫，立刻著手於加盟EEC（歐洲經濟共同體）相關事宜。雖然必須花上十年的功夫才能實現，但從越過大洋跨足北美，以及渡海前往亞洲這個「脫歐入亞」路線，而展開以「大英帝國」為名的近代英國，如今則在這歷史性的一刻決心回歸歐洲，以「脫亞入歐」的選擇為近代劃下休止符。

一九七一年，英國加盟EEC條約文書完成當日，位於新加坡的英國遠東軍司令部降下了飄揚到最後的米字旗。

大英帝國這個老兵不死，只是逐漸凋零。

後記

馬來半島西岸，檳榔嶼某個可在椰子樹蔭下眺望印度洋的海岸邊，有一棟古老的飯店。這棟稱為「Eastern and Oriental」的飯店，像是思念著已然遠去的「落日大英帝國」，以哀愁的姿態矗立在那裡。

香港「半島酒店」，新加坡「萊佛士酒店」，加上緬甸仰光的「史特蘭德酒店」等，這些高級飯店卻像是紀錄著以「東印度公司」所連結的「東亞海上的大英帝國」記憶，有如一種歷史的紀念碑。但這三處高級飯店也反映了近年東亞經濟的一大興隆，紛紛大幅裝修，形象煥然一新。相較之下，僅有檳榔嶼的「Eastern and Oriental」並未大幅整修，使得投宿的旅客瞬間感受到大英帝國「過去的美好年代」早已遠颺，也感應到那種「落日」的悲哀。

回顧大英帝國衰退的歷史，無可避免地看到許多愚蠢與貪念，以及被過去的包袱所束縛的哀愁等悲慘的畫面。

但如今帝國衰亡的過程完全結束後又經過數十年，當我們再次回顧這整個過程，就像是回憶起某個已經過世一段時間的親友一般，為何總覺得已經超越了哀傷，而是以一種「解脫」一般的心情追憶著。這一點和歷史上其他的帝國有些不同。

雖然許多人認為，英國撤出殖民地的身段相較於其他歐洲列強更為「乾淨俐落」，且過程確實是他國所少有的順利。但也別忘了在撤退之前，支撐英國的人們也曾苦惱不已的過程。也許在「蘇伊士的挫折」之後，若沒有像哈洛德．麥克米倫這樣的人物，就無法發揮這樣的「撤退美學」。

而決定孤注一擲讓印度獨立的艾德禮也是一樣。首先會想到的是，他們都是第一次大戰中「死裡逃生」的人們，將「帝國的苦惱」一肩扛起，因為他們這些「失落的世代」具有「靈魂的遊歷」經驗，才能夠完成這樣的「撤退美學」。或許可說讓大英帝國的歷史定位，不像其他許多帝國變為「負面遺產」。如人生一般的「禍福交纏」也可適用在世界大國的衰亡史上。

雖然這也符合許多的「大國衰亡論」，但愈是深入考察，愈容易陷入宿命論或「看開一切的結論」。但如此當然無法歸納出一套「衰亡論」這樣知識性的成果。

如果衰亡論的意義並不僅在於歷史的重構，那麼就必須著手去評價每個衰退過程的主因，以及當時人們的因應對策。因為若不去試圖假設：「如果當時這樣做的話」，也就是在歷史上「其他的可能性」或是「如果……」的話，仍無法完成一部衰亡論。

以上關於「衰亡論」的論述雖已於各章敘明，但若在此做一總結，在以下三個時機，其實可以有許多「帝國的選擇」。第一是當帝國衰退徵兆逐漸明顯的一八八〇至一九〇〇年代，如同年代歷史家西利所提倡的（參閱第七章），為何放棄更加整合散佈於世界的帝國殖民地，而成為二十世紀超大國這個選擇。且許多研究也都提及此點，因此我們便必須從後世的觀點，再度思考此一狀況。

第二點則是發生第一次世界大戰的過程。為何英國如此積極地——甚至可說過度地在以外交手段建立「德國包圍網」，結果是否釀成一場導致帝國復甦的可能性喪失的大戰。本書中已提及，主因在於對德國的文化偏見，以及固執於傳統的權力平衡政策所致。但若考慮到第一次大戰造成許多重大破壞與俄羅斯革命等許多「二十世紀的悲劇」，那麼英國領導者的責任（當然是在所有交戰國之中的評價）具有重新檢討的價值。

應如何應對「霸權挑戰國」，應該「封鎖」或是「交流」等相關討論，在往後的時代仍將是重要的課題。

最後關於二次大戰，關於第十一章所提到的「一九四〇年夏季的選擇」，或許也有重新思考的必要。也就是重新懷疑二十世紀這個「整體戰爭」（Total war）的時代，處於危機之中時，國家又如何讓「未來的可能性」這個國家與國力的基礎平衡，是一個充滿矛盾的問題在二十世紀這個「極端的世紀」（霍布斯邦所言）之中，高喊「不計任何代價」的精神構造已不合時宜的這個時代，我們應該以「未來歷史家」更寬容的眼光來重新思考。

無論如何，如「前言」所述，本書與其對個別衰退主因給予分析考察與明確教訓，不如一面關心各地事件，並重視關照衰退過程大框架的方式。此一目標是否達成，就留待讀者們來判斷。

最後，本書的問世原先是起於在〈Voice〉雜誌上的連載。在此要特別感謝在大幅增修文章時，不斷從旁鼓勵我的吉野龍雄先生與北村正則先生。同時在最後，也要衷心感謝一直以最大的熱情與耐力催生本書的中澤尚樹先生，謹以這些感謝作為本書的結尾。

参考文献

全体に関するもの

G・M・トレヴェリアン『イギリス史(1)～(3)』(みすず書房、1973～75)
青山吉信・今井宏『概説イギリス史』(有斐閣、1982)
中西輝政『国まさに滅びんとす――英国史にみる日本の未来』(文芸春秋、2002)
村岡健次・川北稔編著『イギリス近代史――宗教改革から現代まで』(ミネルヴァ書房、1986)
今井宏編『イギリス史(2)近代』(山川出版社、1991)
Arthur Bryant, *Spirit if England* (London,1982)
Arthur Bryant, *A history of Britain and the British People*, vol.1～2 (London,1986)
Lawrence James, *The Rise and Fall of the British Empire* (London,1994)
A.D. Harvey, *Collisions of Empires : Britain in Three World Wars 1793-1945* (London,1992)
Paul Johnson, *A History of the English People* (London,1985)
ポール・ケネディ『大国の興亡(上)(下)』(草思社、1993)
Paul Kennedy, *The Rise & Fall of British Naval Mastery* (London,1976)
Herbert Butterfield, *The Englishman & his History* (Cambridge,1944)
Lord Strang, *Britain in World Affairs: A Survey of the Fluctuations in British Power and Influence from Henry* Ⅷ *to Elizabeth* Ⅱ (London,1961)
フィリップ・メイソン『英国の紳士』(晶文社、1991)
M.L. Bush, *The English Aristocracy* (Manchester,1984)
Andre Siegfried, *The Character of Peoples* (London,1952) chapter Ⅳ
Emile Boutmy, *The English People : A Study of their Political Psychology* (London,1904)
ルイ・カザミヤン『近代英国――その展開』(創文社、1973)
ルイ・カザミヤン『イギリス魂――その歴史的風貌』(社会思想社、1971)
J.B. Priestley, *The English* (London,1993)
Geoffrey Elton, *The English* (Oxford,1992)
C.A. Bayly, *Imperial Meridian: The British Empire and the World 1780-1830* (London,1989)

アントニー・グリン『イギリス人——その生活と国民性』(研究社出版、1987)
B・ガードナー『イギリス東インド会社』(リブロポート、1989)
高坂正堯『古典外交の成熟と崩壊』(中央公論社、1978)
渡部昇一『イギリス国学史』(研究社出版、1990)
森護『英国の貴族』(大修館書店、1987)
L・ストーン『家族・性・結婚の社会史——1500〜1800年のイギリス』(勁草書房、1991)
L. Stone & J.C.F Stone, *An Open Elite? : England 1540-1880*(Oxford,1986)
W・コート『イギリス近代経済史』(ミネルヴァ書房、1984)
Peter Mathias, *The First Industrial Nation : An Economic History of Britain 1700-1914*(London,1969)
A・J・P・テイラー『イギリス現代史』(みすず書房、1987)

第一章 「パスく・ブリタニカ」の智恵

中西輝政「イギリスの知恵と『悪知恵』」(季刊『アステイオン』1988冬号)
バジル・ヴィリー『イギリス精神の源流』(創元社、1980)
C.J. Bartlett, ed., *Britain Pre-eminent : Studies of British World Influence in the Nineteenth Century*(London,1969)
Albert Sorel, *Europe the and the French Revolution : the Political Traditions of the Old Regime*(London,1969 ed.)
E.L. Woodward, *War & Peace in Europe 1815-1870*(London, Frank Cass, ed., 1963)
Bernard Porter, The Lion's Share(London,1983)

第二章 エリザベスと「無敵艦隊」

J・E・ニール『エリザベス女王(1)(2)』(みすず書房、1975)
越智武臣『近代英国の起源』(ミネルヴァ書房、1977)
大野真弓『イギリス絶対主義の権力構造』(東京大学出版会、1977)
植村雅彦『エリザベスとその時代』(創元社、1973)
中西輝政「イギリス史に見る戦略運営の発想——エリザベス一世の対外戦略の精神構造」(『軍事史学』第21巻第3号、1985年12月刊)
L・ストレイチー『エリザベスとエセックス』(平凡社世界教養全集27、1962)

Sir John R. Seeley, *The Growth of British Policy* (Cambridge,1922)
Conyers Read, *Mr.Secretary Cecil and Queen Elizabeth* (London,1955)
Conyers Read, *Lord Burghley and Queen Elizabeth* (London,1960)
P.S. Crowson, *Tudor Foreign Policy* (London,1973)
R.B. Wernham, *Before the Armada : the Growth of the English Foreign Policy 1485-1588* (London,1966)
R.B. Wernham, *After the Armada : Elizabethan England and the Struggle for Western Europe 1588-1595* (Oxford,1984)
Garrett Mattingly, *The Defeat of the Spanish Armada* (London,1959)
Richard Deacon, *A History of the British Secret Service (London,1968)*
Christopher Andrew, Secret Service : The Making of the British Intelligence Community (London,1985)

第三章　英国の支えた異端の紳士たち

中西輝政「ジェントルマン外交の伝統形成——ウィリアム・テンプルに見るイギリス近代外交の精神(一)」(『法経論叢』、1987年11月)
ヨハン・ホイジンガ『レンブラントの世紀』(創文社、1968)
Homer E. Woodbridge, *Sir William Temple : the Man and his Works* (New York,1940)
Richard Faber, *The Brave Courtier : Sir William Temple* (London,1983)
G.M.D. Howat, *Stuart and Cromwellian Foreign Policy* (London,1974)
J.R. Jones, *Britain and Europe in the Seventeenth Century* (London,1981)
水谷三公『英国貴族と近代——持続する統治　1640〜1880』(東京大学出版会、)
村岡健次・鈴木利章・川北稔他編著『ジェントルマン——その周辺とイギリス近代』(ミネルヴァ書房、1987)
K.H.D. Haley, *An English Diplomat in the Low Countries : Sir William Temple and John de Witt 1665-1672* (Oxford, 1986)
G・M・トレヴェリアン『イングランド革命　1688-1689』(みすず書房、1978)
ヴォルテール『ルイ十四世の世紀』(岩波文庫、全4冊)
Patrick Morrah, *Restoration England* (London,1979)
J・H・エリオット『リシュリューとオリバーレス』(岩波書店、1988)
D.B. Horn, *The British Diplomatic Service 1689-1789* (Oxford, 1961)

Diaries and Correspondence of James Harris, *First Earl of Malmesbury,* ed. by his grandson (the third Earl) ,second edition vol. Ⅰ ～Ⅲ (originally London,1845) (New York AMS Press,1970 ed.)

H・ニコルソン『外交』(東京大学出版会、1965)

Agatha Ramm, Sir Robert Morier : Envoy and Ambassador in the Age of Imperialism 1876-1893 (Oxford,1973)

第四章　帝国の殉教者ゴードン

Lytton Strachey, *Eminent Victorians* (Penguin,1971)

A・ブリッグズ『ヴィクトリア朝の人びと』(ミネルヴァ書房、1988)

小池滋『島国の世紀――ヴィクトリア朝英国と日本』(文芸春秋、1987)

D.H. Johnson, "The Death of General Gordon : A Victorian Myth", Journal of Imperial & Commonwealth History (vol.10,1982)

坂井秀夫『近代イギリス政治外交史 Ⅰ 』(創文社、1974)

M.W. Daly, Empire on the Nile : the Anglo-Egyptian Sudan 1898-1934 (Cambridge,1986)

東田雅博『大英帝国のアジア・イメージ』(ミネルヴァ書房、1996)

C.C. Eldridge, ed., British Imperialism in the Nineteenth Century (London,1984)

R. Colls & P. Dodd, eds., Englishness as National Culture 1880-1920 (Dover, N.H., 1968)

第五章 「自由貿易」の呪縛

E・J・ホブズボーム『資本の時代　1848-75　Ⅰ 、Ⅱ 』(みすず書房、1981,1982)

S・B・ソウル『イギリス海外貿易の研究　1870-1914』(文真堂、1980)

P・J・ケイン＆A・G・ホプキンズ『ジェントルマン資本主義と大英帝国』(岩波書店、1994)

角山栄・川北稔編『路地裏の大英帝国』(平凡社、1982)

川北稔『工業化の歴史的前提――帝国とジェントルマン』(岩波書店、1983)

M・J・ウイーナ『英国産業精神の衰退』(勁草書房、1984)

W. Cunningham, The Rise and Decline of the Free Trade Movement

(Cambridge,1905)
横井勝彦『アジアの海の大英帝国——十九世紀海洋支配の構図』(同文館出版、1988)
坂井秀夫『興隆期のパクス・ブリタニカ』(創文社、1994)
日本開発銀行「産業の空洞化——英米における海外投資と国内経済への影響」(『調査第101号』昭和62年2月)
P.J. Cain & A.G. Hopkins, *British Imperialism : Innovation & Expansion 1688-1914*(London,1993)

第六章 『ボーア戦争』の蹉跌

中西輝政「歴史を変えた事件——ボーア戦争」(季刊『アステイオン』1997冬号)
バーバラ・タックマン『世紀末のヨーロッパ——誇り高き塔・第一次大戦前夜』(筑摩書房、1990)
木畑洋一『支配の代償』(東京大学出版会、1987)
小野寺健『英国文壇史1890-1920』(研究社出版、1992)
James Morris, *Pax Britannica : the Climax of an Empire* (New York,1968)
J.M. Mackenzie, *Propaganda and Empire : the Manipulation of British Public Opinion 1880-1960*(Manchester,1984)
A.P. Thornton, *The Imperial Idea and Its Enemies : A study in British Power*(London,1985 ed.)
Max Beloff, *Imperial Sunset : Britain's Liberal Empire 1897-1921* (London,1969)
Christopher Howard, *Splendid Isolation*(London,1967)

第七章 アメリカの世紀へ

Jasper Ridley, *Lord Palmerston*(London,1970)
Donal Southgate, *'The Most English Minister', the Policies & Politics of Palmerston*(Londonm1966)
Muriel Chamberlain, *Lord Palmerston*(Cardiff,1987)
H.C. Allen, *Great Britain and the United States : A History of Anglo-American Relations 1783-1952*(Archon Books, ed.,1969)
D.H. Fischer, *Albion's Seed : Four British Folkways in America*

(Oxford,1989)
Kathleen Burk, *Britain, America and the Sinews of War 1914-1918* (Boston,1985)
Wm. Roger Louis & Hedley Bull, eds., *The 'Special Relationship' : Anglo-American Relations since 1945* (Oxford,1986)
John Dickie, *'Special'No more : Anglo-American Relations, Rhetoric and Reality* (London,1994)

第八章　改革の季節[第五章の参考文献に加えるに]

B・センメル『社会帝国主義史』(みすず書房、1982)
H.C.G. Matthew, The Liberal Imperialists : the Ideas and Politics of a post-Gladstonian élite (Oxford,1973)
村田邦夫『イギリス病の政治学——19世紀～20世紀転換期における自由主義による危機対応過程』(晃洋書房、1990)
Arthur Marder, *The Anatomy of British Sea Power 1880-1905* (London, Frank Cass, ed., 1972)
Peter Padfield, *Rule Britannia : the Victorian and Edwardian Navy* (London,1981)
水谷三公『王室・貴族・大衆——ロンド・ジョージとハイ・ポリティックス』(中公新書、1991)
J・ジョル『第一次大戦の起原』(みすず書房、1987)
Aaron L. Friedberg, *The Weary Titan : Britain and the Experience of Relative Decline 1895-1905* (Princeton,1988)
C.J. Lowe & M.L. Dockrill, *The Mirage of Power : British Foreign Policy 1902-14 (volume I)* (London,1972)

第九章　悲しみの大戦

リデル・ハート『第一次大戦——その戦略』(原書房、1980)
中西輝政「帝国の滅びるとき——ハロルド・マクミランとその時代」(季刊『アステイオン』1987春号)
バーバラ・タックマン『八月の砲声——第一次大戦(上)(下)』(筑摩書房、1980)
エリック・ホブズボーム『20世紀の歴史ー極端な時代(上)(下)』(三省堂、

1996)
Correlli Barnett, *The Collapse of British Power* (Gloucester, Alan Sutton, ed., 1984)
David French, *British Economic and Strategic Planning 1905-1915* (London,1982)

第十章　ロレンスの反乱

Michael Yardley, *Backing into the Limelight : A biography of T.E. Lawrence* (London,1985)
L. James, *The Golden Warrior : The Life & Legend of Lawrence of Arabia* (London,1990)
J.R. Ferris, "*The Greatest Power on Earth : Great Britain in the 1920s*", Journal of International History (vol.13,1991)
堀越智『アイルランド独立戦争1919-21』(論創社、1985)
D. Hopwood, Tales of Empire : the British and the Middle East 1880-1952 (London,1989)
Lawrence James, Imperial Warrior : the Life & Times of Field-Marshal Viscount Allenby 1861-1936 (London,1993)

第十一章　"バトル・オブ・ブリテン"、そしてフル・ストップへ

リデル・ハート『第二次世界大戦』(フジ出版社、1978)
河合秀和『チャーチル』(中公新書、1979)
John Charmley, *Churchill : the End of Glory* (London,1993)
Raymond Callahan, *Chutchill : Retreat from Empire* (Willington, Delaware,1984)
Robert Blake & Wm. Roger Louis, eds., *Churill : A Major New Assessment of his Life in Peace and War* (Oxford,1993)
佐々木雄大『三〇年代イギリス外交戦略』(名古屋大学出版会、1987)
Malcolm Smith, *British Air Strategy between the Wars* (Oxford,1984)
G・チブラ『世界経済と世界政治　1922-31　再建と崩壊』(みすず書房、1989)
Correlli Barnett, *The Audit of War : the Illusion & Reality of Britain as a Great Nation* (London,1986)

第十二章　旗の降りる日

D・ラピエール&L・コリンズ『今夜、自由を(上)(下)』(早川書房、1977)
坂井秀夫『イギリス・インド統治終焉史　I 910-1947年』(創文社、1988)
James Morris, Farewell the Trumpets : An Inperial Retreat (New York,1977)
H. Macmillan, *War Diaries : The Mediterranean Diaries 1943-45* (London,1984)
David Adamson, *The Last Empire : Britain and the Commonwealth* (London,1989)
Brian Lapping, *The End of Empire* (London, 1985)
Richard Hough, *Mountbatten : Hero of Our Time* (London,1980)
David Sanders, *Losing an Empire, Finding a Role : British Foreign Policy since 1945* (London,1990)
M. Heikal, *Cutting the Lion's Tail : Suez through Egyptian Eyes* (London,1986)
H. J. Dooley, *"Great Britain's Last Battle in the Middle East : Notes on Cabinet Planning during the Suez Crisis 1956"*, International History Review (vol.11,1989)

大英帝國衰亡史

作　　者　中西輝政（なかにし てるまさ）
譯　　者　王敬翔
總 編 輯　沈昭明
社　　長　郭重興
發行人暨出版總監　曾大福
出　　版　廣場出版
發　　行　遠足文化出版事業有限公司
　　　　　231新北市新店區民權路108-2號9樓
電　　話　(02)2218-1417
傳　　真　(02)8667-1851
客服專線　0800-221-029
E-Mail　service@sinobooks.com.tw
官方網站　http://www.bookrep.com.tw/newsino/index.asp
法律顧問　華洋國際專利商標事務所　蘇文生律師
印　　刷　前進彩藝有限公司
一版一刷　2017年7月
定　　價　360元

國家圖書館出版品預行編目(CIP)資料

大英帝國衰亡史 / 中西輝政著；王敬翔譯. 一版. 新北市：廣場出版：遠足文化發行, 2017.07
面； 公分

ISBN 978-986-94088-5-1(平裝)
1.英國史
741.1　　106009190